Werner Koch
Pilatus

Erinnerungen

Suhrkamp

suhrkamp taschenbuch 650
Erste Auflage 1980

Suhrkamp Taschenbuch Verlag
Satz: LibroSatz, Kriftel
Druck: Nomos Verlagsgesellschaft, Baden-Baden
Printed in Germany
Umschlag nach Entwürfen von
Willy Fleckhaus und Rolf Staudt

Betr.: VII a/III./Ba.

In der Anlage überreiche ich eine notarielle Aufstellung der Gegenstände, die im Hause des geistesgestörten Herrn Pontius Pilatus, Gouverneur der Provinz Jerusalem a. D., sichergestellt wurden.
Unter VII b/III./Ba. füge ich Notizen bei, von mir mit »Pilatus, Erinnerungen« gekennzeichnet.

gez. L. Pomponius Bassus
Notar

I

Es war die Nacht vorher. Ich entsinne mich, daß ich nicht schlafen konnte. Ich lag wach. Die Luft roch nach faulem Fleisch, und der Himmel lag auf den Dächern, als wolle er ganz Rom erdrücken. Seit Wochen kein Wind, die Straßen ausgestorben. Ich stand auf, weil ich keine Luft bekam, ging ans Fenster, aber draußen war es noch schwüler. Plötzlich dachte ich, meine Frau hätte mir etwas zugerufen; ich sah nach ihr, sie schlief. Also, dachte ich, hast du dich verhört. Schon in Palästina ist mir aufgefallen, daß mit meinen Ohren etwas nicht in Ordnung war, aber damals erschien mir die Sache nicht wichtig genug. Wenn man jünger ist, nimmt man den Körper nicht ernst. Ich lehnte mich hinaus, sah in den Himmel, rieb mir den Schweiß von der Stirn, schloß die Augen, rang nach Luft, aber nichts half. Da sah ich die Katze. Ich wußte nicht, wie sie dahin gekommen war, ich hatte sie vorher nicht bemerkt. Sie schleppte sich kriechend über die Erde, den Kopf dicht auf der Straße, ging ein Stück, wartete, horchte, wälzte sich weiter, blieb wieder liegen und kam dabei kaum vom Fleck. Dann krümmte sich ihr Rücken, der ganze Leib preßte sich zusammen, und nachdem sie so, als hinge sie frei in der Luft, einen Augenblick verharrt hatte, fiel sie wie tot um. Ich konnte mich nicht von ihr losreißen.Ich hätte gern fortgesehen, in den Himmel oder in die Nacht oder einfach die Augen geschlossen, aber das gelang mir nicht. Ich sah sie immerfort an. Ich dachte: vielleicht bewegt sie sich noch einmal; man kann doch nicht, dachte ich, direkt aus dem Nichts starr werden und sterben. Sie rührte sich nicht. Ich lehnte mich weiter hinaus, die Straße war tot. Ich hatte Angst. Der Schweiß auf meiner Stirn wurde kälter, trockener. Ich sah mich nach meiner Frau um; sie schlief. Ob sie wirklich tot war? Irgend etwas, ein Mensch oder ein Tier oder ein Windzug müßten doch bei ihr sein, dachte ich. Nein, nur ich hatte es mit angesehen, und ich wußte nicht einmal, ob sie gestöhnt hatte. Meine Ohren taugen nicht mehr viel, und außer meiner Frau versteht es niemand, mit mir zu reden. Ich habe sie nicht wecken wollen.

Ich blickte hinaus, hinunter auf die Straße, und ich wußte, daß in dieser Nacht nichts auf der Welt war als sie und ich. Ihr Sterben und mein taubes Zusehen. Und wir hatten beide Angst.
Plötzlich bewegte sie sich wieder. Sie wälzte sich auf den Bauch und schleppte sich auf die andere Straßenseite. Ich hätte ihr helfen können, aber ich sah bloß zu. Sie schob sich ruckweise in den Tod wie eine Schnecke: stumpf und den Staub der Straße absaugend. Als sie gegenüber am Torbogen war, konnte ich sie kaum noch erkennen. Gegenüber bei Cassius war alles ruhig. Vielleicht will sie im Dunkeln sterben, dachte ich. Vielleicht auch war sie nur krank oder verseucht oder von der Hitze ausgelaugt. Es gibt so viele Möglichkeiten, elend zu sein. Die Hitze war furchtbar.
In diesem Augenblick muß es gewesen sein, daß ich vom Fenster zurücktrat. Meine Frau wird beim leisesten Geräusch wach, und durch meine fast tauben Ohren bin ich ein wenig laut geworden. Ich legte mich vorsichtig hin und sagte:
»Bist du bei mir?«
Sie schwieg. Immer, wenn ich wach werde, frage ich, ob sie bei mir ist, das ist eine Gewohnheit von mir. Sie kann schlafen, dachte ich. Ob sic mir antwortet oder nicht, das macht nichts, wichtig ist mir nur, daß ich sie gefragt habe. Um ihren Schlaf beneidete ich sie. Das tut mir jetzt weh.
Ich lag wach. Ob sie Angst hatte? Ob sie sich im Dunkel des Torbogens wohler fühlte? Vielleicht war sie schon tot? Ich möchte nicht vorm Hause des Cassius sterben, es wäre mir unangenehm. Ob es Katzen gibt, die kein Gehör mehr haben? Woran mochte sie jetzt denken? Ob sie wußte, was Sterben ist? Wenn sie keine Schmerzen hatte, war sie vielleicht zufrieden mit allem. Vielleicht hat sich nie jemand um sie gekümmert, und das Sterben machte ihr nichts? Wer aber kümmert sich um uns, und wem macht das Sterben gar nichts?
Ich machte mir zuviel Gedanken. Ich denke immer zuviel. Meine Gedanken sind kleine Tierchen, winzige Käfer, die mit spitzen Beinen auf meiner Schädeldecke herumtrampeln: tanzen, stechen, durch den Kopf krabbeln, kreuz und quer, hin und her; rastlose Käferchen, die in bestimmten Abständen, als folgten sie einem Kommando, ihre Vorderbeine an meinem Gehirn reiben und dabei in hellen, schrillen Tönen zirpen; ein

großes Heer hauchdünner Gedankentierchen mit winzigen Stimmchen. Ich will sie abschütteln, wasche mir den Kopf, stecke ihn in eiskaltes Wasser, presse die Augen zusammen, reibe mir die Stirn, schlage mit den Fäusten gegen meine Ohren, um nichts, nie wieder etwas zu hören, aber sie zirpen; es macht ihnen Spaß, ihre summenden Beinchen an meinem Gehirn zu wetzen; sie kichern; ihr hämisches Lachen, aus hunderttausend geifernden Kehlchen, zwickt in die Haut und beißt sich fest; mein Gesicht verzerrt sich, ich fühle, wie es sich entstellt; verrückt, denke ich; wirklich, es könnte sein, daß ich eines Tages verrückt werde, ein Idiot, der mit blöden Augen die Welt anstiert, im schiefen Maul ein paar grüne, wackelnde Zähne, nein!

Ich stand auf und ging ans Fenster. Ich konnte ja doch nicht schlafen. Wenn ich mit dem Handrücken über die Stirn fuhr oder mir die Augen abwischte, wurde der kalte Schweiß plötzlich glühend heiß und machte mich schlapp. Ich leckte mir die Lippen, doch die zogen sich zusammen, brannten und wurden ganz salzig. Dann kam die Angst und machte alles noch brennender. Es wurde immer elender mit mir, wieder rief ich nach meiner Frau, aber sie hörte mich nicht. Du mußt dich zusammennehmen und sie schlafen lassen, dachte ich.

Ich dachte an die Katze. Warum nur? Ob sie lebte oder nicht, ob sie Angst hatte, gedankenlos dahinstarb oder in der Hitze verdurstete: was ging das mich an? Ich hatte Kopfschmerzen. Ich dachte, jeden Augenblick würde mir die Stirnader platzen und dann, wie bei einem plötzlichen Stich in ein Eitergeschwür, langsam auslaufen. Ob es helfen würde, wenn ich die Stirn mit einem heftigen Ruck gegen die Wand stieß? Nein, gerade das würde nichts helfen, im Gegenteil. Nein, du mußt jetzt ganz ruhig werden, dachte ich. – Dich ablenken. – An irgend etwas denken. – An Claudia. – Oder an ein Gewitter, ein eiskaltes Gewitter. – Ich mußte immer schlucken, aber es war nichts mehr zum Schlucken da; die Spucke war ausgetrocknet. Ich dachte: eigentlich hast du deine Frau lieb. Heute macht mich das ein wenig ruhiger, denn ich habe wirklich daran gedacht, ich rede es mir nicht ein.

Ich kann mir nicht vorstellen, was ohne meine Frau aus mir geworden wäre. Ich hätte es nie zu etwas gebracht, auch nicht zum Gouverneur. Ich hätte mein Leben lang am Tiber gesessen, dem Wasser zugesehen, in das die Fische Kreise beißen, die Zeit vertrödelt und ein bißchen spintisiert. Bestenfalls wäre ich Lehrer geworden oder Schauspieler. Man sagt zwar immer, das seien brotlose Berufe, aber brotlos hin oder her: von Titeln, öffentlichem Ansehen und großem Ruhm halte ich noch weniger, und das nicht, weil ich meines Postens in Palästina enthoben worden bin. Das hat ganz andere Gründe, ich will darüber nicht rechten, und ob ich nun ein guter Gouverneur und ein schlechter Mensch oder ein schlechter Gouverneur und ein guter Mensch gewesen bin, das mag ich nicht beurteilen, nur: beides zusammen verträgt sich nicht, das ist klar. Ich, Pontius Pilatus, habe stets neben dem Gouverneur gestanden, er gefiel mir nicht und zumeist mißachtete ich ihn; wir zwei waren verschiedene Leute, wir hatten ganz andere Ansichten, vertrugen uns nicht, und oft wußten wir nicht mehr ein noch aus.

Aber das tut ja nichts zur Sache.

Mein Kopfschmerz war kaum noch auszuhalten. Sobald ich mich bewegte, irgendeinen Arm, den kleinen Finger oder gar den Kopf, spürte ich das Krabbeln der Tierchen im Gehirn, und am liebsten hätte ich laut aufgeschrien. Ich konnte es nicht mehr ertragen. Schließlich war ich zu nichts anderem mehr fähig, als den einen Gedanken zu verfolgen: meine Frau wecken, sie würde mir helfen.

Was nun geschah, weiß ich nicht mehr. Ich weiß nur, daß sie tot ist.

Und es gibt Augenblicke, wo ich es entsetzlich genau weiß.

II

Ich sage mir ja, daß ich es nur gut gemeint habe, wenn ich sie nicht aufwecken wollte. Aber sooft ich es mir auch sage, es hilft mir nicht. Vielleicht hat sie geweint oder gestöhnt oder meinen Namen gerufen, bevor sie starb? Vielleicht wollte sie einen Schluck Wasser? Vielleicht lebte sie noch, wenn . . . Ich habe nichts gehört. Ich habe am Fenster gestanden, mich elend gefühlt und über eine Katze simuliert. Als ich endlich zu ihr ging, um sie zu wecken, weil es mir elend war, sah sie mich mit großen Augen an. Ich merkte sofort, daß diese Augen zu groß waren; sie waren starr und ganz verwundert. Sie verstanden mich nicht, ich war ihnen ein Rätsel. Und dieser Blick verfolgt mich, ich quäle mich immer wieder da hinein: ich am Fenster, betrachte mir den Himmel, die Katze, die Nacht, habe mich von ihr abgewendet, und sie, sie stirbt; die bittenden Lippen; das riesige Neigen des Kopfes; langsam öffnen sich die Lider und wagen den letzten großen Blick.

Sie hat nur meinen Rücken gesehen, meinen krummen Rücken. Und der verdeckte ihr den Himmel. In welchem Augenblick ist sie gestorben? War zu diesem Zeitpunkt die Katze schon bei Cassius? Hatte sie mich wirklich gerufen? Ob sie schon tot war, als ich mich neben sie legte und sagte: »Bist du bei mir?« Nur das nicht.

Ich habe ihr viel zuwenig gesagt. Ich habe sie liebgehabt, aber ich hätte ihr das sagen müssen. Ich habe viel wiedergutzumachen, aber wie macht man das, wenn man nur noch am Grab stehen kann? Sie war immer so froh, und die Leute meinten, sie sei stets zu Späßen aufgelegt. Aber das meinten die Leute nur, weil sie meine Frau nicht kannten. Als ich noch Gouverneur war, habe ich es nur durch sie ausgehalten. Sie kann in einem Eckchen sitzen und still vor sich hin weinen, aber das tut sie nur, wenn sie allein ist. Sobald ich komme, wischt sie sich schnell die Tränen ab, sie hat dann ganz weiche, hilflose Augen, und die lachen mich an. Sie meint, ich merkte es nicht, aber ich merke es wohl. Ich sage es nur nicht. Einmal hatte ich einen Prozeß zu führen, und sie war fest davon überzeugt, daß der Angeklagte keine Schuld hatte. Da ließ sie mir mitten in der Verhandlung einen Zettel überreichen und bat mich, gerade dieses Mal besonders gerecht zu sein. Mich empörte der Vorfall, denn ich versuche immer, gerecht zu sein, und ich entsinne mich jetzt nicht mehr genau. Doch wüßte ich nicht, was ich ohne sie anfangen sollte.

Ja, nun müßte ich es eigentlich wissen. Ich will es aber nicht wahrhaben. Ich unterhalte mich mit ihr, blicke zur Tür, warte, bis sie aufgeht (für mich geht sie auf), und ich sage: »Kommst du aus der Stadt?« »Es regnet«, sagt sie, und ich: »Du hast dich doch nicht erkältet? Sieh dich bitte vor.« Dann schweigen wir, weil ich mich ja nicht unterhalten kann, aber ich nehme mich zusammen, sehe sie an, und ich will sagen: »Ich hab dich lieb.« Das aber schaffe ich nicht, es kommt nicht über meine Lippen.

Ich denke: ich hab dich lieb, meine Lippen bewegen sich, doch weil ich dabei schweige, sagt sie: »Hast du Kopfschmerzen?« »Nein, mach dir keine Sorgen«, sage ich, und sie: »Es wäre gut, wenn du einen Spaziergang machtest«, doch ich: »Ich möchte bei dir bleiben.«
Nachher, wenn ich es wieder begreife, ist alles noch schwerer, Als würde sie immer wieder sterben. Aber ich will sie wenigstens einmal am Tag bei mir haben.
Warum nur? Warum nur habe ich sie ein Leben lang angeschwiegen?
Mit meinem Kopfschmerz wird es schlimmer. Wenn er mich anfällt, mache ich das Zimmer dunkel, setze mich in meine Ecke und warte. Manchmal sitze ich einen halben Tag so da, halte die Augen geschlossen, falte die Hände und warte. Ich höre meinem Atem zu, könnte schlafen oder sterben, und an meiner Schädeldecke nagen Ratten. Ich möchte sie abschütteln, aber dann beißen sie sich gerade fest. Ich warte. Sie hat immer gesagt, wir wollten zusammen sterben.

III

Mein Vater war ein Mann, der zu leben wußte. Wie aber *weiß* man das? Er hatte keine Ahnung, warum er lebte; das interessierte ihn nicht. »Warum legen Hühner Eier?« fragte er und gab, ohne eine Antwort abzuwarten, die Erklärung: »Weil Eier gut schmecken.« Darüber konnte er sich totlachen.
Ich habe mich nie mit ihm verstanden. Er war Advokat, hatte eine gutgehende Praxis und alle möglichen Freunde. »Das mußt du dir merken«, sagte er. »Mache dir niemand zum Feind. Sei höflich zu allen, freundlich zu jedem und stoße keinen vor den Kopf. Nur so wirst du es zu etwas bringen. Die Wahrheit mußt du *denken* und für dich behalten, keiner will sie hören. Mach mir nur keinen Kummer.«
Ich höre ihn heute noch.
Ich machte ihm Kummer.
Er hatte steinreiche Klienten, Huren aus der besten Gesellschaft und Priester mit wohlhabenden Eltern. Er war nicht wählerisch. Ob die Leute im Recht waren, ging ihn nichts an. Viel Geld und viel Recht war ein Idealfall für ihn; viel Geld und

wenig Recht eine gute Sache; viel Geld und kein Recht machte ihm Spaß; alles Recht und kein Geld interessierte ihn nicht. Er war ein angesehener Mann, legte Wert auf vornehme Bekanntschaften, auch wenn sie noch dümmer als langweilig waren, und ein Senator ging ihm über alles. »Wir sind bei ›Senators‹ eingeladen«, sagte er, und das hieß soviel wie: bin ich nicht ein bedeutender Mann?

Ich weiß nicht, wie ich gerade jetzt darauf komme, aber wenige Jahre vor meiner Abberufung habe ich mich einmal mit einem Verbrecher unterhalten. Ich war auf meinem Landsitz in Caesarea, und der Kerl mußte mir schon mehrmals aufgelauert haben. Meine Diener kannten ihn genau; er war Jude, hatte irgendeinen Posten in irgendeiner Partei; ein Fanatiker, der Palästina »befreien« oder gar »anführen« wollte – ich entsinne mich nicht mehr –, und eines Abends entdeckte ich ihn im Garten. Ich nahm ihn mit in mein Arbeitszimmer, um ihn auszufragen. Er hieß Barabbas, ein kleiner, gedrungener Kerl, einem Häusermakler ähnlicher als einem Freiheitskämpfer, und meine Wachen waren erstaunt, daß ich diesen Burschen in mein Haus ließ. Mir aber machte die Sache Spaß.

Ich bat ihn, sich zu setzen, bot ihm zu trinken an und behandelte ihn wie einen Gast, den man erwartet hat. Damit hatte er nicht gerechnet. Er war unfähig, sich zu bewegen, starrte mich immer nur an, und obwohl großsprecherische Rädelsführer sehr oft versagen, wenn sie ihrem Gegner gegenüberstehen, war ich über seine Hilflosigkeit doch überrascht. Es reizte mich, mit ihm ins Gespräch zu kommen. Ich fragte ihn, weshalb er mir auflauere und ob er mich habe umbringen wollen. Er gab keine Antwort. Er sah mich an, als sei ich ihm unheimlich. Vielleicht hatte er sich eine andere Vorstellung von mir gemacht, mich für einen barbarischen Kerl oder Henkersknecht gehalten, ich weiß es nicht; er war ziemlich klein, ungefähr vierzig Jahre alt, hatte viel zu kurze Finger, die er immer zu verstecken suchte, und war dennoch seltsam behende, so daß ich mir gut vorstellen konnte, wie er als Volksredner seine Zuhörer anpackte. Ich fragte ihn, ob er unzufrieden mit mir sei oder was er sonst wolle.

Er schwieg, sah mich an, und plötzlich sagte er: »Wir alle sind gegen Rom, auch gegen dich.«

Er sprach viel zu laut und mit starkem Dialekt. Ich wußte, daß

er sich diesen Satz hunderte Male vorgesagt hatte, ehe er zu mir kam. Dennoch war ich über seinen Mut erstaunt.
Ich sah ihn an. Mein Blick sagte ihm nichts. Dann fragte ich: »Ihr alle?« Was bedeutet das? Seid ihr viele?«
Jetzt blickte er mich mit seinen kleinen Augen selbstbewußt an und sagte protzig: »Wir alle, jawohl. Das bin ich und meine Leute.«
»Du hast Leute unter dir?«
»Das habe ich.«
»Und ihr seid gegen mich?«
»Wir alle.«
Er wich meinem Blick aus, seine Augen wurden nervös, und die kurzen Hände preßten sich ratlos ineinander. Ich spürte, daß er Angst hatte. Er brachte es nicht fertig, mir ins Gesicht zu sehen, schielte aus den Augenwinkeln mehrmals zu mir herüber, und je länger ich schwieg, desto unruhiger wurde er. Ich wollte mehr von ihm wissen, vielleicht konnte er nützlich sein.
»Um mir das zu sagen, bist du aber nicht gekommen, oder?«
Er blickte mich an, als hätte er mir eine große Entdeckung zu machen, legte die Hände aufs Knie, beugte sich zu mir herüber und wurde mit einem Male leutselig.
»Du hast mir geholfen, und also will ich dir helfen«, sagte er. »Weißt du, auch Barabbas ist ein Mann, der weiß, was sich gehört, darüber brauchen wir nicht zu reden. Politisch sind wir Feinde, das ist klar, aber menschlich . . .«, und mit derart geschwollenen Redewendungen sprach er nun auf mich ein, sagte, es sei ein Anschlag auf mich geplant und er komme, mich zu warnen.
Ich traute ihm nicht. Wieso hatte ich ihm geholfen? Wenn wirklich ein Anschlag geplant war, warum sollte gerade er ihn mir verraten wollen? Ich überging den Punkt und tat so, als sei ich daran nicht interessiert.
Was ich denn für ihn getan habe? fragte ich.
Diese Frage mußte ihn kränken. Er war ein Volksführer, ein Mann also, den man zu kennen hat, und meine Unwissenheit beleidigte ihn. Wie so viele nahm auch er an, man müsse sich doch seiner und seines Prozesses erinnern, aber ich entsann mich nicht. Für ihn war es *sein* Prozeß, für mich ein irgendwelcher. Man gewöhnt sich daran. Nun aber nannte er den Na-

men eines Mannes, der in den Wirrnissen jener Zeit eine Rolle gespielt hat, und plötzlich war mir klar, wen ich vor mir hatte. Mitunter bedarf es ja nur eines ganz kleinen Anstoßes, eines Wortes oder einer Handbewegung, um sich an ein bestimmtes Ereignis erinnern zu können. Der Prozeß gegen diesen Jesus, in den Barabbas verwickelt wurde, ist mir deshalb haften geblieben, weil meine Frau in diesem Zusammenhang einen qualvollen Traum hatte. Monate später sprach sie noch davon. Sie war sehr empfänglich für alles Geheimnisvolle und manchmal, wenn sie besonders froh war . . .

. . . ich sollte an meine Unterredung mit Barabbas denken.

Er riet mir, Palästina zu verlassen oder meinen Aufenthalt zumindest geheimzuhalten. Ich beobachtete ihn und schwieg. Ich wollte, daß er unsicher wurde.

»So«, sagte ich, »ein Anschlag. Das ist mir bekannt.« Er glaubte mir nicht.

War er wirklich ein Verbrecher? Wie er jetzt dasaß: bieder, leutselig, schüchtern, hätte ihn niemand dafür gehalten. Ich erwiderte ihm, daß ich mich nicht fürchtete; ich hätte das Land korrekt regiert, für Ruhe und Ordnung gesorgt und auch die Wünsche seiner politischen Freunde stets sorgfältig geprüft. Was wäre gewonnen, wenn sie mich beseitigten? Nichts, im Gegenteil. Hätte der Gouverneur einen anderen Namen als Pilatus: wäre er besser? Der römische Staat wisse sich immer zu helfen, sowohl gegen die Mörder als auch in der Auswahl meines Nachfolgers. Was also gewännen sie dabei?

Man darf sich nicht zum Sklaven seiner Sklaven machen.

IV

Mir fällt ein, daß der Vorfall damit nicht abgetan war. Wenn ich nicht irre, war Barabbas zu der Zeit, als ihm der Prozeß gemacht wurde, ein starker, grober Bursche. Meine Soldaten erzählten, er habe im Kerker Freiheitslieder gesungen und versucht, mit den Wächtern Späße zu treiben. Die Meinung, ein Mörder – Barabbas hatte einen reichen syrischen Kaufmann ermordet – sei von Natur kalt und ohne Gefühl, ist durchweg unrichtig. Natürlich haben solche Menschen im Augenblick der Tat ein eiskaltes, unmenschliches Herz; was sie

tun ist bestialisch, und also haben sie auch bestialische Gelüste. Doch wenn es an ihr eigenes Leben geht, werden sie meistens unglaublich weich, wirken schamlos, ohne Haltung, ohne Würde, sie weinen, wimmern, und früher ...
(Was meine ich damit? Ich meine: als sie noch lebte. *Früher*, das ist: ich wache auf, komme zu mir, reibe mir die Augen, sehe zu ihr hinüber, strecke die Hand aus, lege sie auf ihre Schulter, sage: »Bist du bei mir?«, denke: sie ist da, nun kannst du dich in Ruhe wach träumen.)
... früher sagte ich schon mal zu ihr: »Meine Mörder sahen alle aus wie junge Mädchen.« Sie mochte solche Späße nicht. Jetzt mag *ich* sie nicht mehr.
Übrigens ist diese Behauptung nicht aus der Luft gegriffen. Vor Gericht erscheint ein Mörder zumeist schüchtern, man denkt, er könne keiner Fliege etwas zuleide tun, und viele von ihnen sind mehr als feige. Es ist richtig, daß Menschen, die morden, selber sterben müssen, aber der Strafvollzug ist mangelhaft. Es ist nicht damit getan, einem Verbrecher die Schuld nachzuweisen und dann das Urteil zu fällen. Wenn ich jemanden hinrichten lasse, dann besteht nicht nur zwischen ihm und mir ein Verhältnis, sondern auch zwischen mir und seiner Frau, seiner Mutter, seinem Bruder. *Ich* habe den Mann, den Sohn, den Bruder hinrichten lassen, und wenn nun die Mutter darüber den Verstand verliert, wie stehe *ich* dann da?
Man hat mir oft gesagt, ich hätte den sinnlosen Hang, mir verrückte Gedanken zu machen. Heute sagt mir niemand mehr etwas. Meine Freunde sind tot, kennen mich nicht mehr und wollen es auch nicht, und die harmlosen unter ihnen grüßen mich flüchtig auf der Straße. Und passen auf dabei, daß niemand es bemerkt.
Nun, ich mache mir meine Gedanken nicht. Sie kommen von selbst, irgendwoher, und schließlich bin ich es ja, der mit ihnen fertig werden muß. Ich habe eine Anschauung entwickelt, die ich nie vorgetragen habe, weil ich mich nicht dem Spott der Leute ausliefern will, aber ich stehe dazu. Es wäre vernünftig und klug, die Richter gesetzlich zu zwingen, ihren Urteilsspruch nicht nur zu begründen, sondern auch auszuführen. Sie würden dann anders richten, dessen bin ich ganz sicher. Man denke: ich muß den Stein aufheben, darf nicht zittern, muß den Kopf des Delinquenten genau im Auge halten, zielen, zuschla-

gen –; ich muß einen Nagel nehmen, ihn mitten in die Hand, genau zwischen Finger und Daumen, dort, wo die Haut wartet und bleich wird, einschlagen: erst die Spitze ansetzen; die Hand zur Ruhe zwingen; Maß nehmen, zögern, zuschlagen; den Schrei hören; abwarten, nur keine Aufregung, das Blut mitansehen; in das Blut hineinschlagen; aufpassen, daß die Hand sich nicht befreit, wie sie zuckt, zerrt, die Finger ins Fleisch krallt und dabei die Wunde weiter aufreißt; jetzt die andere Hand, das gleiche noch einmal; den Mund des Verurteilten zuhalten, ihn anschreien, mit Füßen treten, den Kopf gegen das Holz schlagen, damit der Kopf nicht mehr funktioniert; wieder einen Nagel; die zweite Hand ist störrischer; sie ballt sich zur weißen Faust und will das Sterben hinauszögern; aber ich muß fertig werden, packe sie, reiße die Finger auseinander, biege sie mir zurecht, stoße den Nagel ein; Blut, Zucken, Schreien; ein Hieb in den Magen: »Du Schwein!«; saufende Kumpane unter mir; ein rasendes Weib will auf mich zu, Soldaten zerren sie zurück; wo ist mein Nagel?; der Kopf sinkt; die Augen des Sterbenden, eine Handbreit neben mir, sehen mir hinter tanzenden Nebeln zu; sie verschlucken mich, kein Haß darin; aber, ich komme zu spät, verdammt; die Füße, der Nagel, das Blut; wo soll ich den Nagel ansetzen?; die Hände waren so bequem, so dünn, wie geschaffen; ein guter Schlag nur; wie aber soll ich es jetzt anfangen?

Dazu müßte jeder Richter gezwungen werden, das wäre ein gutes Gesetz. Wer das Urteil ausführt, setzt sich nicht nur mit Verstand und Überzeugung für den Richterspruch ein, sondern mit seiner ganzen Person. Wie oft in unsrer Zeit wird ein Mensch weniger aus sittlichen als aus politischen Überlegungen beiseite geschafft, und es ist absurd, die Vollstreckung Henkersknechten zu überlassen. Sie haben nicht die geringste Ahnung von Sittlichkeit und politischem Denken und mit jedem Verurteilten zehnmal mehr gemein als mit sämtlichen Richtern Roms. Sie sind nämlich zu leichtfertig, diese jungen Richter. Ich bin von Barabbas abgekommen. Es ist sonst nicht meine Art, mit den Gedanken zu springen, meistens neige ich dazu, mich in eine Sache zu verrennen. Jetzt aber, wo ich mich zwinge, etwas aufzuschreiben, das mir gerade durch den Kopf geht, weil ich mich ablenken will, weil ich nicht an meine Frau denken will, jetzt sage ich mir: was geht dich Barabbas an? Was

hast du mit ihm zu schaffen? Was soll der Unsinn? Wer ist Barabbas, und was bin ich? Ein Gespräch zwischen einem Gouverneur und einem Mörder: vielleicht interessant? Vielleicht. Aber wird es helfen?
Er hatte sich sehr verändert. Als wir ihm den Prozeß machten, war er ein Kerl wie ein Baum, kräftig, mit hartem Schädel und einem Stiernacken; seine Augen sahen über die Zuschauer hinweg, ihnen waren die Zuschauer nicht wichtig genug. Er stand da, als hätten seine Füße Wurzeln, und mich würdigte er mit keinem Blick. Er hatte keine Angst, denn er wußte nicht, was Angst ist. Für unsere Armee wäre er ein guter Mann gewesen, aber er mochte unsere Armee nicht. Er gefiel mir.
Später, als ich mit ihm ins Gespräch kam, war er kaum wiederzuerkennen. Ich bildete mir ein, er sei viel kleiner geworden, sein Gesicht war aufgeschwemmt, die Augen trüb und unsicher, die Hände fleischig. Er war kein Held mehr, er war ein Funktionär. Er hatte das Kämpfen verlernt und hielt nun kühne Reden, ein besserer Herr, der von der Vergangenheit zehrt. Er las Berichte von Überfällen, die er einst selber angeführt hatte, und diese Berichte versah er mit Randnoten. Er hatte vergessen, daß Hunger weh tut, Durst schlapp macht und Blut beruhigt.
Seine Aufdringlichkeit reizte mich. Ich wollte mir sein Gerede nicht länger mit anhören. Er sagte: »Glaube mir, es geht um große Dinge, das kannst du mir glauben. Ich war oben auf Golgatha, als es geschah. Ich wollte mir das einmal ansehen, um zu wissen, wie er sich anstellte. Ich habe es selber gesehen«, sagte er, »und der Himmel hat sich verfinstert.«
»So«, sagte ich.
»Und im Tempel ist ein Vorhang zerrissen. Ich habe es nicht glauben wollen, aber dann habe ich es gesehen, mit meinen Augen. Man sagt, er soll gar nicht gestorben sein, denn sein Grab war leer. Du hättest den Grabstein sehen sollen, glaube mir, fünf deiner Soldaten hätten ihn nicht bewegen können. Wirklich, du tätest gut daran . . .«
Auf meine Frage, von wem er eigentlich spräche, nannte er den Namen des Jesus, den ich damals hatte hinrichten lassen. Barabbas schien wirklich zu glauben, mit diesem Menschen habe es etwas Besonderes auf sich. Es ist oft schwer, sich als Chef der Besatzungsmacht in den Gefühlen und Ansichten der

Einheimischen zurechtzufinden; sie sind uns fremd, hassen uns, und in ihren Augen bin ich mehr Tier als Mensch gewesen. Daß ich meine Frau liebhabe, in aller Frühe aufstehe, um den Sonnenaufgang zu sehen; daß ich Kopfschmerzen habe, ein schlechtes Gehör und Seneca lese; daß ich es nicht fertigbringe, ein Huhn zu schlachten, weil mir das Nachzucken des toten Körpers furchtbar ist: das wollen sie nun mal nicht wahrhaben. Sie glauben, ich sei ein Tier, grausam, für alle Schandtaten des römischen Reiches verantwortlich, kein Mensch, sondern ein Staatsorgan: leblos, lieblos, gottlos.
Ich bin es aber nicht.
Keine Kopfschmerzen.

V

Mir hat es zeitlebens an Güte gefehlt. Ich könnte mich damit entschuldigen, daß, außer meiner Frau, auch zu mir nie jemand gut gewesen ist, aber das ist ja kein Grund. Meine Mutter habe ich nicht gekannt. Ich weiß nur, daß die vielen Bekannten, Besucher und scheinbaren Freunde meines Vaters nie über sie sprachen. In unserem Hause gehörte es zum guten Ton, sie totzuschweigen. Trotzdem wußte ich nahezu alles. Ich bin ohne Gutenachtkuß groß geworden, niemand hat meine Stirn gestreichelt, und wenn ich nachts wach wurde, hörte ich das Gröhlen betrunkener Stimmen; das Schreien meines Vaters; das gemeine Lachen billiger Mädchen. Ich lag wach, weinte, die Tränen wurden kalt und verkrusteten; ich rief um Hilfe, stand auf, schrie, trommelte gegen die Wand, aber mein Vater gab ein Fest, sie hörten mich nicht; mein Vater redete: laut hinauslachend, brüllend, ein brünstiges Tier, das die Welt zertrampelt; ich hatte Angst, mich fror, ich weinte, und ich sagte: »Vater, Vater, sieh: ich weine. Ich habe Angst. Warum lachst du so? Warum kommst du nicht zu mir? Ich will dich liebhaben, wenn du gleich zu mir kommst. Bitte, komm.« Ich stand da, horchte, wartete, meine Füße wurden eiskalt, aber: mein Vater hatte mich vergessen; eine Frauenstimme kreischte; ich dachte: was macht er mit der Frau? Er bringt sie um, dachte ich. Warum ist sie denn lustig, wenn er sie umbringen will? Wenn man erwachsen ist, dachte ich, hat man unverständliche Gedanken. Und kein Herz. Ich war allein; mit meinen Gedanken, meinen Tränen, meiner Angst. Ob ich zum Fenster hinausspringen sollte? Das war natürlich ein Gedanke. Damit würde ich meinem Vater das Lachen schon abgewöhnen, dachte ich. Ja, ich wollte zum Fenster hinausspringen, mit dem Kopf auf die Straße schlagen, liegenbleiben, ganz still, ganz starr: dann würde sich mein Vater schon um mich kümmern. Vielleicht weinte dann er. Und das hätte mir Spaß gemacht. Ich stand auf, sah hinaus, überlegte, was geschehen würde, wenn ich es wirklich täte, aber, dachte ich: es wird nichts geschehen. Er wird weiter lachen; seine Freunde lachen, die Frauen lachen, alle lachen. Und ich? Ich liege auf der Straße, habe keinen Kopf mehr oder viel, viel Blut daran, bin tot, erfroren, und wenn sie es bemerken, ist es zu spät. Denn sie merken es erst, wenn sie ausgelacht haben. Dann sind sie müde, seltsam leise, und unterm Himmel wird es hell. Wenn sie mich dann erst finden, ist es zu spät. Dann brauche ich sie nicht mehr. Ich wollte ja nur, daß sie nicht lachen. Aber ich konnte es nicht ändern, durch nichts. Und das schlimmste: die Frauen lachten. Frauen, dachte ich, lachen anders. Sie alle, alle konnte ich nicht leiden. Sie hatten so breite Münder, und wenn sie mich küßten, meinte ich, sie fräßen mich auf. Ihre Lippen schmeckten nicht. Ich legte mich wieder hin. Ich wollte schlafen. In meinem Gesicht waren die Furchen der Tränen, sie hatten sich festgeklebt.

Meine Mutter?

Sie ist, als ich gerade zwei Jahre alt war, hingerichtet worden. Mein Vater, schon zu dieser Zeit ein angesehener Advokat, hatte sie bei einem Stelldichein mit einem Sklaven ertappt, aber er wollte die Sache vertuschen. Ihm ging es um seine Praxis und um seinen Ruf. Schließlich kam doch alles heraus; meine Mutter schnitt sich, um der Verurteilung zu entgehen, die Pulsadern auf. Der Selbstmordversuch mißlang, und mein Vater pflegte sie gesund. Er muß sich bald wieder mit ihr versöhnt haben, denn dieser Vorfall ist nie in die Öffentlichkeit gedrungen.

Kurz danach wurde sie, gegen den Willen meines Vaters, der gewerbsmäßigen Kuppelei angeklagt. Mein Vater tat alles, sie zu retten, doch blieben seine Überredungskünste erfolglos. Ich glaube nicht, daß er sie geliebt hat; für ihn war das Ganze eine

»Angelegenheit«, peinlich und geschäftsschädigend. Er wollte mehrere tausend Denare Bestechungsgelder zahlen, aber die Richter ließen sich nicht darauf ein, und das weniger, weil sie sich nicht bestechen ließen, sondern weil dem Kaiser persönlich über den Prozeßverlauf berichtet wurde. Wer aber wollte nicht ein Freund des Kaisers sein?
Mein Vater war ein glänzender Redner, denn er glaubte nicht, was er sagte. Er trug zu wichtigen Verhandlungen geliehene Ringe, um den Zuschauern zu imponieren, und jeder Prozeß, an dem zu verdienen war, ist ihm recht gewesen. Er hat alles verteidigt, was Geld hatte. Ich entsinne mich (vielleicht die erste Situation, an die ich mich überhaupt erinnere?), daß er eines Abends nach Hause kam und meiner Pflegefrau erzählte, es sei ihm gelungen, dem damals schwerreichen Teokritus auf dem Sterbebett mehrere tausend Denare abzuhandeln. Er kannte den Teokritus nur flüchtig, aber das brachte er fertig. Er war fähig, auf Lebende und Sterbende so lange einzureden, bis sie ihm alles versprachen. Ich habe nichts davon. Vor Jahren habe ich jemand zum Tode verurteilen müssen, weil der Pöbel es von mir verlangte. Gewiß, man soll nicht auf den Pöbel hören, doch läßt sich das leicht sagen. Ich erklärte auch öffentlich, daß mir das Urteil aufgezwungen worden sei, und was war das Ergebnis? Der Pöbel kalkulierte: wenn Pilatus seine Unschuld beteuert, so ist er schwach, willenlos, ohnmächtig. Dabei war ich nur ehrlich. Darf man noch ehrlich sein? Gibt es noch Gefühle, die mehr meinen als: Geld, Titel, Ruhm? Wie wird diese Welt enden? Die Griechen, denkt man, waren weise und hatten einen Sokrates. Was hilft es? Für die Römer ist Sokrates ein alberner Bursche und mein Nachbar Cassius ein halber Gott; der Unterschied? Sokrates trinkt heiter und gelassen den Giftbecher, und Cassius gibt feuchtfröhliche Feste. Ich wohne gegenüber, sehe auf die Straße, die Nacht leuchtet, leuchtet auf das dunkle Fleckchen Erde, wo das Sterben der Katze begonnen hatte; ich sehe ihre Angst, ihr Zucken, noch immer ist Nacht, und bei Cassius jubeln die »Großen«, die Neureichen, die Verdiener und Vergeuder, denn Cassius ist ein Freund des Kaisers. Ja und? Was ist ein Kaiser? Was ist Cassius? Was sind sie denn?
Wenn Claudia noch lebte, schliefe ich jetzt, läge neben ihr, erwachte, sagte: »Bist du bei mir?«, nähme ihre Hand, hielte sie

fest, sagte: »Ich habe dich lieb«, aber ... zu spät. Man liebt, was man vermißt.

VI

Zum ersten Male danach war ich in der Stadt. Ich finde mich nicht mehr zurecht. Ich war kaum auf der Straße, als mich ein leichter Schwindel anfiel; ich machte die Augen zu, lehnte mich gegen die Hauswand und wartete. Ich bin es nicht mehr gewohnt. Als ich wieder zu mir kam und die Augen öffnete, sah ich die Stelle, wo die Katze gelegen hatte. Ich stand ganz dicht dabei, blickte immer wieder auf die Stelle, konnte mich zunächst nicht bewegen, aber dann zog es mich hinüber; ich bückte mich, untersuchte die Erde und bildete mir ein, irgend etwas finden zu müssen, ein Katzenhaar, einen Tropfen Blut oder einen Krallenabdruck. Ein Käfer krabbelte mit verrückter Hast vorbei. Ich stand auf und wollte gerade zum Tor des Cassius gehen, um dort nach Spuren zu suchen, als plötzlich Stephanio neben mir war und mich begrüßte. Ich war erschrocken. Ich hatte ihn nicht bemerkt, und seit ich aus Palästina zurück bin, überkommt mich öfters eine plötzliche Angst. Natürlich hängt das auch mit meiner Taubheit zusammen; manchmal spüre ich etwas hinter meinem Rücken, ich habe nichts gehört, nichts gesehen, fühle die Angst, drehe mich langsam um: nichts, niemand ist da. Stephanio ist alt geworden. Seit er nicht mehr beim Theater ist, hat man ihn vergessen, und ich weiß, daß viele ihn meiden. Wir gingen zusammen in die Stadt. Er versuchte, mit mir ein Gespräch anzufangen, doch bald merkte er, daß ich ihn nicht verstand. Meistens kann ich es am Gesicht ablesen, ob ich meinem Gesprächspartner zustimmen soll oder nicht, aber Stephanios Gesicht lebt nicht; es zeigt nicht, was er denkt. Nur, als er mich fragte, wie es meiner Frau ginge, waren meine Ohren für einen Augenblick seltsam wach, ich hörte seine Frage sehr genau, sah ihn an, nein, dachte ich, er weiß wirklich nicht, daß sie tot ist, und dann redete ich auf ihn ein, verrückte, blödsinnige Dinge, vielleicht ist mit meinem Kopf doch nicht alles in Ordnung?; ja, ich sagte: danke, es ginge ihr gut, danke, ausgezeichnet, ihre Gallenschmerzen hätten nachgelassen, nein, uns mache es

nichts, daß ich meines Postens enthoben worden sei, im Gegenteil; zwar lebten wir sehr zurückgezogen, aber wir verständen uns eben, und das wäre ja schließlich das schönste; nein, Stephanio, sagte ich, bei uns ist alles in bester Ordnung . . .
Als er sich verabschiedete, lächelte er. Er sagte, daß er von irgendeinem Senator erwartet würde, eine ehrenvolle Einladung oder so etwas, ich weiß es nicht. Natürlich log er, sein Ruhm ist dahin; das geht schnell beim Theater. Ich entsinne mich noch genau, wie das Volk ihn einst bejubelte, ich habe ihn mehrmals auf der Bühne gesehen und war von seinem Spiel beeindruckt. Wer aber kennt ihn noch? Warum spielt er sich seinen Ruhm vor? Warum lügt er? Vielleicht gebrauchte er diese Ausrede auch nur, um mich loszuwerden. Ein verabschiedeter Gouverneur ist keine Empfehlung, man zeigt sich nicht gern mit ihm, und ein tauber Gesprächspartner, der nur von seiner Frau spricht, ist ein schlechter Begleiter.
Vielleicht habe ich ihn auch falsch verstanden. Alles ist fragwürdig.
Ich finde mich nicht mehr zurecht. In dieser Stadt ist die ganze Welt versammelt. Ich kam kaum vom Fleck; in den Straßen drängen sich die Menschen, ein unendliches Heer irgendwelcher Gesichter, die nur den Mund bewegen; sie stehen vor den Auslagen, den Magazinen und staunen die Waren an: spanische Wolle, chinesische Seide, bunte Gläser aus Alexandria, kostbare Weine, Austern aus Griechenland, afrikanische Kräuter, Smaragde vom Ural, Parfums aus Arabien – uns geht es erschreckend gut. Tausende Menschen davor, kaufend, prüfend, feilschend, bepackt mit Taschen, Tüchern, Paketen; dazwischen Kinder, die weinen und ihre Mutter suchen; sie werden übersehen, gestoßen, überrannt. Ich werde mitgezogen, kann nicht mehr ausweichen, nur weiter, wie es die Menge befiehlt; Reiche, Sklaven, Farbige, Diebe, Nichtstuer, Eckensteher: die ganze Welt ist auf den Beinen und rennt durch Rom. Ich höre nur dumpfe Geräusche, meine Ohren machen nicht mehr mit, doch die Augen sehen plappernde Münder, verrückte Gesten, Ausrufer und Gerüchteerzähler, die mit den Händen durch die Luft fahren; ein Tierbändiger läßt seinen Bären tanzen; ein Schiffbrüchiger hält ein Stück Holz in der Hand, läuft hinter den Leuten her, sagt: seht, ich bin ein armer Mann, mein Schiff ist untergegangen, hier habe ich die Boots-

stange, das ist alles, was mir übriggeblieben ist, hier, seht euch die Bootsstange an, riecht daran, sie riecht nach Meer, nach Salz, ich bin allein, habt Erbarmen mit mir, gebt mir Geld; er lügt, das sehe ich ihm an; ein Lasttier scheucht die Fußgänger auseinander, sie schimpfen auf das Tier, auf den Besitzer, auf die Welt, auf alles, Hauptsache: sie schimpfen; ein buckliger Mann bietet Stoffe an, hält eine Frau am Kleid fest, damit sie ihm etwas abkaufe, aber die Frau will keine Stoffe; junge Raufbolde gröhlen und belästigen die Mädchen; ich sehe einen kleinen Jungen, wie er einen Armreif stiehlt, ich will rufen: »Haltet den Dieb«, aber was eigentlich geht das mich an? Ich wollte nur raus, ausbrechen aus diesem drückenden Koloß, aber es gab kein Entrinnen. Ich war dabei und hatte mitzumachen.

Es wurde dunkel, aber sie rannten noch immer. Jeder ein Mensch, sicher, aber das war nicht so wichtig. Wichtig waren die Muskeln, das Fleisch, der Eigensinn, die freche Courage. Damit kommt man weiter. Woran denken sie nur? Was eigentlich soll werden? Was wird, wenn die Läden leer sind und das Geld alle? Was ist nach dem Ausverkauf? Drängen müssen sie, das ist klar. Wenn sie aber drängen, sich beiseite schieben, miteinander ringen und aufeinander schimpfen, und das, obwohl die Läden leer sind: was soll's? Was soll's, wenn nichts mehr da ist, kein Parfum, kein Edelstein, keine heiße Wurst? Jetzt haben sie noch die Ausrede, sie täten alles um eine heiße Wurst. Einmal werden sie vorne ankommen und merken, daß es nichts mehr gibt. Was dann?

Nachteil des Schreibens: die Kopfschmerzen kommen schneller. Wenn ich aber nicht schreibe, denke ich an Claudia, und ich denke: sie ist tot. Das geht auch nicht.

VII

Ich wurde mitgezerrt von der Menge, und obschon ich mehrmals versuchte, ihr zu entrinnen, schob sie mich unnachgiebig mit. Ich fand mich damit ab, es bleibt einem nichts anderes übrig. Manchmal hatte ich sogar das schöne Gefühl, untergetaucht zu sein; du bist gar nicht mehr da, dachte ich, niemand kennt dich, niemand beachtet dich, niemand weiß, daß du

Pilatus bist; und das gefiel mir.
Es wurde dunkel, und ich überlegte, wie ich nach Hause kommen sollte. Da ging ein Stoß durch die Menge, ich wurde fortgestoßen, die Leute schrien, einer brüllte mich an, doch ich verstand ihn nicht; manchmal verlor ich den Boden unter den Füßen, denn ich kam nicht mehr mit, aber die anderen drängten, redeten, beschimpften sich, zeigten in den Himmel; dann sah ich das Feuer. Es ist noch gar nicht lange her, daß der Bestand an Feuerwehrleuten auf 7000 erhöht wurde. Und wozu? Erstens kamen sie zu spät, und zweitens machte der Pöbel ihnen keinen Platz. Er wollte das Schauspiel der Flammen sehen.
Wohl hundert Häuser waren niedergebrannt, die Luft dick, rußig und süß. Ich wurde mitgezerrt. Ich sah einen uralten Mann mit langen, weißen Haaren, die seinen Schädel und das ganze Gesicht bedeckten; nur seine Nase und ein paar winzige Augen lugten hervor. Er war über einen verkohlten, blauschwarzen Leichnam gebeugt, der ganz zusammengeschrumpft war; der Kopf nicht viel größer als eine Faust, und nur der Mund stand riesengroß gegen den Himmel. Die Beine hingen in der Luft wie verrostete Eisenhaken. Der Greis kniete, war über das Schrumpfgesicht gebeugt, und aus seinen winzigen Augen fielen ein paar Tränen neben den singenden Mund. Ich konnte es nicht mit ansehen und kniff die Augen zusammen. Nur weiter. In dem glühenden Gebälk eines Hauses eine junge Frau; sie hatte sich die Kleider vom Leib gerissen, tanzte, trampelte wie irrsinnig auf der schwelenden Glut herum, reckte bald lachend, bald singend die Arme gegen den Himmel und brach dann zusammen. Ich bekam keine Luft mehr, der Hals war zu, ich mußte durch den Mund atmen, aber die verkohlte Luft machte alles nur schlimmer. Der ganze Körper brach plötzlich in Schweiß aus, gleich darauf fror ich, zitterte; ich hatte nur noch einen Gedanken, da herauszukommen, heraus aus der Menge, nur fort; ich preßte die Ellbogen auseinander, um mir Platz zu machen: da fielen sie über mich her. Ein Mann schlug mir in die Magengrube, ein junger Bursche trat mir gegen das Knie. Nun war mir alles gleichgültig. Laß sie nur machen, dachte ich, alles ist recht. Ich schloß die Augen, fühlte mich entsetzlich elend und ließ mich weitertragen. Noch immer beschimpften sie mich.

Macht doch, was ihr wollt, dachte ich.
Erst kurz vor Mitternacht zurück. Eleazar besorgt, aber er sagte nichts. Ich ging in Claudias Zimmer, setzte mich und dachte an irgend etwas. Noch immer ist Parfumgeruch in diesem Zimmer. Am liebsten hätte ich geweint, aber woher die Kraft nehmen?
Furchtbare Verachtung.

VIII

Gestern beim Ankleiden. Eleazar ist nun bald zwanzig Jahre bei mir, und ich dachte, daß er mich besser kennt als ich mich selber. Ich fragte:
Möchtest du nicht frei sein?
Nein.
Nun, sagte ich, es wäre doch besser für ihn, sein eigner Herr zu sein.
Nein.
Nicht? Aber jeder Mensch hätte doch den Wunsch, mehr oder besser oder berühmter, kurz, etwas anderes zu sein, als er ist; der eine wäre lieber Dichter, der andere gern Schauspieler, jener am liebsten Senator, dieser Kaiser, und das sei wohl auch bei ihm nicht anders.
Er verneinte. Ich wollte seine Ansicht wissen, und er schrieb mir auf:
Kein Lebewesen will mit einem anderen tauschen.
Das verblüffte mich. Es bedürfe doch keiner Frage, sagte ich, daß er lieber ein Advokat, ein Arzt oder gar Pilatus wäre, oder?
Nein.
Als Stephanio würden ihm die Leute im Theater zujubeln, sagte ich; als Cassius wäre er Herr über vierhundert Sklaven, hätte einen herrlichen Palast und so viel Geld, daß er jeden Tag große Feste geben könne; jeder Arzt, jeder Advokat sei ein freier Mann, habe Haus, Einkommen, Familie; dem Kaiser gehöre die Welt, und selbst ich müsse doch für ihn ein beneidenswerter Mann sein, weil ich befehle und er zu gehorchen habe.
Nein.
Er sah mich an. Er war ein wenig verlegen, lächelte in sich

hinein und schüttelte den Kopf. Ich wies ihn an, mir eine Entgegnung aufzuschreiben. Er schrieb:
Stephanio ist kein guter Mensch. Cassius muß um Gunst buhlen. Advokaten betrügen andere Leute. Ärzte können nicht helfen. Der Kaiser tötet. Pilatus hat keine Frau mehr. Ich bleibe Eleazar.
Diese Theorie beschäftigt mich. Ich habe nach einem Beispiel gesucht, das sie widerlegen könnte, doch finde ich keines. Es ist klar, daß ein zum Tode Verurteilter mit jedem tauschen würde, aber das ist natürlich kein Argument; hier geht es nicht um ein reelles Tauschgeschäft, sondern darum, am Leben zu bleiben. Ich möchte in keiner anderen Haut stecken, obwohl ich mit meiner eignen durchaus nicht zufrieden bin. Vielleicht will der täglich verprügelte Ochse lieber ein freier Bauer sein? Vielleicht. Wie aber kalkuliert er am Abend Verdienst und Verlust aus? Ob der Bettler gern Philosoph sein will? Gut, nur muß er dann noch karger leben und auf hunderttausend Stunden Schlaf verzichten. Wäre es mir nicht angenehm, noch in Amt und Würden zu sein? Mag sein. Ich müßte jedoch in die Haut meines Nachfolgers V. schlüpfen, und ich mag V. nicht; zudem hat er einen mißratenen Sohn. Möchte ich Cassius sein? Nein. – Br. ist dumm. – R. macht Katzbuckel und hintergeht den Kaiser. – Vielleicht wäre ich gern ein Sokrates? Ich hätte nie meine Frau kennengelernt, wäre getötet worden . . .
Nein, ich will Pilatus sein.
Liegt darin ein Trost?

IX

Eine Geschichte

P. war ein Mann von dreiundsechzig Jahren und lebte in Rom. Als Kolonialbeamter hatte er fremde Völker kennengelernt und stets seine Pflicht getan. Aber Gunst und Ungnade stehen dicht beieinander; P. wurde seines Postens enthoben, obwohl er sich nichts hatte zuschulden kommen lassen, und in den Jahren nach seiner Abberufung war er dem gesellschaftlichen Leben immer mehr ferngeblieben. Er glaubte, die Menschen mieden ihn, und das auch deshalb, weil er nahezu taub war.

P. liebte seine Frau.
Man wird sich noch an die letzte Hitzewelle erinnern; allein in Rom sind über achthundert Menschen ihr Opfer geworden. Die Straßen waren bei Tag und bei Nacht menschenleer, kein Hund wagte sich hinaus, und viele meinten, nun sei das Ende der Welt gekommen. P. glaubte nicht daran. Religiöse Fragen interessierten ihn zwar, aber solche Ansichten erschienen ihm unsinnig. Das Ende der Welt sieht anders aus.
An einem jener Tage kam Claudia, die Frau des P., in sein Arbeitszimmer, um ihm irgend etwas zu sagen. P. hatte ihr Kommen nicht bemerkt. Er war damit beschäftigt, Horaz zu lesen, und als seine Frau plötzlich hinter ihm stand, fuhr er zusammen. Er hatte sich wahnsinnig erschreckt. Im Augenblick war er so erregt, daß er sie anschrie. Er könne ja nichts dafür, daß er taub sei, sagte er, aber ein wenig Rücksicht darauf wäre vielleicht angebracht.
Claudia: Früher hast du mich nicht so angeschrien.
P.: Ja, früher; das kenne ich. Früher war alles besser, nicht wahr? Früher war ich ja auch noch in Amt und Würden. Da konnte ich dir manches bieten. Ich weiß selber, daß ich ein Wrack bin, dazu brauche ich deine Ratschläge nicht.
Claudia: Red nicht so, bitte.
P.: Ich rede, wie und was ich will. Oder paßt dir das nicht? Wenn es dir nicht paßt, brauchst du es nur zu sagen. Ich habe Verständnis dafür. Ich weiß, daß ich taub bin, meine Freunde mich meiden, und es würde mich durchaus nicht wundern, wenn du mich auch noch im Stich ließest.
Claudia stand auf und wollte aus dem Zimmer gehen.
P.: So, du gehst. Na gut.
Sie blieb stehen, sagte etwas, aber P. verstand es nicht.
P.: Es ist vielleicht gut, daß ich taub bin. So konnte ich die Anmerkung, die du eben gemacht hast, nicht hören. Es war natürlich ein Vorwurf, nicht wahr?
Claudia schwieg. P. sah hinunter auf seine Hände und überlegte, was er tun könnte. Wenn er jetzt »Claudia« gesagt hätte, wäre alles gut gewesen. Er sagte es nicht. Er wußte, daß er seine Frau liebte, was nur würde er ohne sie anfangen . . .
P. *dachte:* Ich will zu ihr gehen. Ich will aufstehen, ihr meine Hand geben und sagen: »Hab mich wieder lieb.« Noch einen Augenblick warte ich, und dann sage ich es. Warum ist sie

beleidigt? Ich habe ihr nichts getan. Ich muß jetzt etwas sagen. Irgend etwas muß jetzt geschehen. Warum eigentlich *ich?* Ich muß immer der erste sein. Sie könnte ja auch mal einlenken. Aber nein, das fällt ihr im Traum nicht ein.
P. sah zu ihr hinüber. Sie stand von ihm abgewendet und rührte sich nicht. Die Hitze war kaum noch auszuhalten. P. sah seine Hände an.
P. *dachte weiter:* Sie hält das lange aus. Aber das kenne ich ja. Ich könnte sagen: »Nun sei wieder gut.« Ja, das könnte ich sagen. Also . . .
P.: Willst du noch lange so dastehen?
Claudia: Wenn es dich stört, gehe ich eben.
P.: Wie du willst, bitte. Ich sage dir nur eines: wenn du jetzt gehst, mache ich nicht mehr mit. Dann mache ich Schluß. Mir ist mein Leben nichts wert, das kannst du glauben. Ich kann jederzeit Schluß machen. Aber bitte, geh nur.
Claudia: Errege dich nicht so, bitte. Ich fühle mich nicht wohl. Laß mich jetzt gehen.
Sie ging.

X

Ich weiß nicht, ob das Zweck hat. Ich sollte Gedanken aufschreiben, Erinnerungen, Eindrücke von Palästina, von Land und Leuten, irgend etwas. Welches sind die äußeren Gründe meiner Abberufung? Warum *mußte* ich scheitern? Wie würde ich heute handeln? Anders? Geschickter? Ich bin herrisch, gewiß, aber das liegt in meiner Natur und ist nicht anerzogene Arroganz. Ich kann Titel nicht leiden. Die Anrede »erhabener Gouverneur« ist für mich keine Auszeichnung, sondern beleidigend. Es gelingt mir einfach nicht, das Wort »Hohepriester« auf die Zunge zu bekommen, ich sage: »Kaiphas, hör mal« oder: »Kaiphas, komm mal her.« Und das mögen die Leute nicht.
Die Leute sind andere Herren gewohnt, obwohl Geld, Ruhm und Popularität fragwürdige Attribute sind für jemand, der vorgibt, ein »Herr« zu sein, und der große Jammer unserer Zeit liegt darin, daß alle Welt auf solche Zeitgenossen hereinfällt. Wer zweihundert Sklaven hat, ist heute um einen Sklaven

mehr »Herr« als der Besitzer von 199 Sklaven. Ich komme da nicht mehr mit. Eleazar ist ein Sklave mit herrischer Gesinnung, aber Gesinnung zählt nicht. Mit ihr läßt sich nicht bar bezahlen, und somit ist sie nichts wert.
Übrigens verläßt Eleazar das Haus, vor allem nachts. Was treibt er? Warum schleicht er sich fort? Warum unterrichtet er mich nicht? Bin ich in seinen Augen auch ein »Chef«, ein Bonze, der mit Vorsicht zu genießen ist? Weshalb verschweigt er mir seine Absichten? Ich könnte ihn zur Rede stellen. Aber was käme dabei heraus? Wenn ich ihn erst stellen muß, wird er mich doch nur anschwindeln, und ich will nicht belogen werden.
Meine Kopfschmerzen ziehen sich jetzt hinunter bis ins rechte Ohr. Seltsam, in einem Ohr, das taub ist und abgestorben, Schmerz zu spüren. Natürlich könnte ich zum Arzt gehen. Wer aber behandelt Pilatus? So ist das mit einem Mann, der in Ungnade gefallen ist: er leidet an Kopfschmerzen, also geht er zum Arzt. Der Arzt kalkuliert: wenn ich ihn behandle, obwohl er vom Kaiser nicht geschätzt wird, so wird mir das von Nachteil sein. Was wird der Arzt tun? Er wird versuchen, mich so schnell wie möglich loszuwerden.
Und was soll ich tun?
Meine Erzählung ist ungeeignet.

XI

Eine Geschichte (Fortsetzung)

Als sie gegangen war, wußte P. nicht, was er tun sollte. Er stand auf, ging im Zimmer auf und ab, und obschon er sich sagte, daß die ganze Angelegenheit doch wirklich nicht so schlimm war, rannte er sich immer mehr fest.
P. *dachte:* Sie mag mich nicht mehr. Sie geht aus dem Zimmer, beschimpft mich, läßt mich allein. Ich bin taub, ausgestoßen, habe niemanden mehr. Was soll nun werden? Ich mache Schluß. Aber dazu bin ich zu feige. Bin ich es wirklich? Zu feige, mir zu sagen: das hat doch wirklich keinen Zweck mehr, nun sieh es ein, also?
Er ging aus dem Zimmer, um Schluß zu machen.

Seine Frau schlief. Er sah sie nicht an, ging vorbei und lehnte sich aus dem Fenster. Die Hitze war unerträglich.
P. *dachte:* Das sollte man wirklich tun. Wenn ich mich jetzt aus dem Fenster stürze, wird es ihr leid tun. Sie wird weinen und denken, daß sie mich liebhatte. Sie wird meine weißen Hände küssen und langsam merken, wie sie kälter werden. Sie wird meinen Kopf nehmen, ihn streicheln . . . So etwas sollte man tun.
Erpressung, oder? Brutal? Ich kann ja meine Gedanken nicht kommandieren, die kommandieren sich selbst. Und nun?
P. *sagte:* Ich glaube, ich könnte mir das Leben nehmen, und du würdest dich nicht einmal rühren.
P. hörte keine Erwiderung. Hatte sie wirklich nichts darauf zu antworten? Hatte er die Antwort nicht gehört? Er beugte sich aus dem Fenster, sah auf die Straße, sah eine Katze, aber er beachtete sie nicht. Was ging ihn die Katze an, er hatte andere Sorgen. Es ärgerte ihn, daß seine Frau schlief. So etwas, dachte er, würde er nie fertigbringen. Aber das muß ja jeder selber wissen.
Dann legte er sich nieder.
Lange nach Mitternacht wurde er wach.
Seine Frau war gestorben.

XII

Heute vormittag kam Stephanio. Er ist der erste Besucher seit Claudias Tod; 46 Tage, die ich mir auf dem Kalender abstreiche, bin ich nun schon allein. Sein Kommen überraschte mich. Mir fiel unsere erste Begegnung ein, ich war damals fünfzehn oder sechzehn Jahre alt, aber ich hatte keinen Grund, mit ihm darüber zu reden. Übrigens höre ich in meinen eignen vier Wänden besser.
Damals war ich mit meinem Vater in Streit geraten und aus dem Haus gegangen. Ich bin immer gern allein gewesen und meistens ging ich, wenn ich es zu Hause nicht mehr aushalten konnte, zum Tiber. In den öffentlichen Parks trieb sich zu jener Zeit schon allerhand Gesindel herum, wenn auch nicht in dem Ausmaß wie heute, und das Unwesen der Gerüchteerzähler nahm damals seinen unheilvollen Anfang. Ich bin immer etwas

eigenbrötlerisch gewesen, und noch heute würde ich die Sandbank, auf die ich mich oft zurückzog, ohne weiteres finden. (Existiert sie noch? – Hingehen!)
Ich saß am Fluß, sah ins Wasser, ließ den Sand durch die Finger rieseln und träumte. War mein Vater wirklich mein leiblicher Vater? Warum war ich so anders als er? Was sollte aus mir einmal werden? Ich wußte es nicht. Vielleicht wäre ich Lehrer geworden, aber diesen Entschluß hätte ich bei meinem Vater nie durchsetzen können.
Auf einmal fühlte ich mich beobachtet. Über die Uferwiesen kam ein junger Bursche auf mich zu – ich glaube, Stephanio ist mein Jahrgang, vielleicht auch ein Jahr jünger –, lachte, pfiff einen Gassenhauer vor sich hin, riß ein Grasbüschel aus und warf es hoch in die Luft, klatschte in die Hände, lachte wieder, und auf mich machte er den Eindruck, als gehöre ihm die ganze Welt. Stephanio war ein frischer, unbekümmerter Bursche, das Gegenteil von mir. Er setzte sich ans Ufer, tat so, als hätte er mich noch nicht bemerkt, riß einen Grashalm ab, kaute darauf herum und schielte zu mir herüber. Ich wußte, daß er mich aufziehen wollte. Ich sagte nichts. Ich überlegte, wie ich ihm entrinnen könnte. Bis in meine Soldatenzeit hinein hatte ich den Aberglauben, daß es geheime, übernatürliche Kräfte gebe; man muß nur ganz fest an etwas glauben, dachte ich, dann trifft es auch ein. Ich schloß die Augen, zog die Stirn zusammen, dachte, daß jetzt eine Ziege, ein Fisch oder ein Hund aus Stephanio würde, du mußt nur ganz fest daran denken, redete ich mir zu, und wenn du dann die Augen wieder aufmachst, jagst du das dumme kleine Tier einfach fort. Ich sah Stephanio an, er grinste. Es war nicht weit her mit meinen geheimen Kräften, ich war enttäuscht, pendelte mit den Füßen durchs Wasser und sah den Wellen nach. Wenn er dich nur bald anspricht, dachte ich; aber er ließ sich Zeit.
Er fragte, ob ich nicht gut auf ihn zu sprechen sei oder was ich gegen ihn habe, ich weiß es nicht mehr, obwohl mein Gedächtnis gerade solche Geschehnisse, die Jahrzehnte zurückliegen, meist sehr genau registriert hat. In den kleinen Dingen des Alltags ist es nachlässig geworden; Eleazar muß mich jeden Tag an etwas erinnern. Sobald wir aber auf kleinste Episoden meiner Palästinazeit zu sprechen kommen, bin ich fast immer besser orientiert als er. Ich könnte eine Skizze meines Gartens

in Caesarea anfertigen, und ich glaube nicht, daß mir ein Fehler unterliefe; ich erinnere mich an jeden Strauch. Nun ja, vorbei.

Stephanio ist alt geworden. Er spricht viel, aber nur von sich und vom Theater; darüber hinaus lästert er gern. Vom modernen Theaterspiel hält er wenig; die »Großen« seien ausgestorben, er selbst einer der letzten, das dürfe er wohl sagen, und die junge Generation interessiere sich für den Zirkus, nicht aber für die Kunst. Darunter hätten natürlich auch die Schauspieler gelitten. Sie seien nicht mehr besessen, vielmehr geld- und ruhmsüchtig, und er erzählte von einem Schauspieler, der habe sich die Urne mit der Asche seines toten Bruders auf die Bühne bringen lassen, um in die rechte »Tränenstimmung« zu kommen.

Er selber sei froh, nicht mehr dabei zu sein. Das glaube ich aber nicht. Ich bin sicher, daß er in diesem Punkt nicht die Wahrheit sagte, und es macht mich stutzig, wenn selbst gute Schauspieler so wenig überzeugend lügen können. Immer wieder versuchte ich, das Gespräch auf ein anderes Thema zu bringen; es gelang mir nicht. Er hat für nichts anderes Interesse. Ein paar Bemerkungen, die er über Politik und Literatur machte, waren entsetzlich oberflächlich, sogar verdächtig, weil er sie irgendwo gehört oder gelesen hatte und nichts damit anzufangen wußte.

Nachdem er an keinem ein gutes Haar gelassen hatte, machte er mir faustdicke Komplimente. Er halte mich für einen Märtyrer, sagte er, ich müsse beim Kaiser vorstellig werden oder über Cassius versuchen, neuen Einfluß zu gewinnen, ein Mann meines Formats dürfe nicht brachliegen, das schade Rom und dem Weltreich, und es sei ihm sehr ehrlich und ganz ernst damit.

Geschwätz.

Bevor er sich verabschiedete, bat er mich um Geld. Ich habe ihm etwas gegeben, und das ärgert mich jetzt.

XIII

Claudia konnte einem Menschen, der es nicht ehrlich mit ihr meinte, nur widerwillig die Hand geben; sie sagte, es täte ihr

weh und sie müßte sich schütteln dabei. Ich habe solche Empfindungen nie gehabt. Ich falle sehr leicht auf allerhand Lügen herein, und ich war auch so dumm, mich von Stephanios Komplimenten geschmeichelt zu fühlen. Dabei hätte ich allen Grund, sehr mißtrauisch und vorsichtig zu sein, aber ich schaffe es nicht. Der Stadtpräfekt von Jerusalem, ein Mann mittleren Alters, der kurz nach meiner Abberufung starb, vermutlich durch Gift, es ist nie herausgekommen – –
– – ich komme nicht auf seinen Namen. Ich überlege hin und her, über ein Jahrzehnt hatte ich mit ihm zu tun, ihn gesprochen, mit ihm korrespondiert, aber sein Name fällt mir nicht ein. Ich gehe die Buchstaben des Alphabets einzeln durch, meine, sein Name läge mir auf der Zunge, ich komme nicht darauf, es hat keinen Zweck – –
– – auf jeden Fall: ich habe ihm nie genug mißtraut. Er war allzu beflissen, überaus diensteifrig und zu jeder Tages- und Nachtzeit bereit, mir gefällig zu sein. Solche Menschen sollte man meiden. Claudia hat mich stets vor ihm gewarnt, sie nannte ihn »unecht«, aber ich konnte ihm nichts beweisen. Alles an ihm war korrekt: seine Arbeit, seine Kleidung, nie trank er zuviel – –
Burrus war sein Name, Stadtpräfekt Burrus. Manchmal denke ich, er habe auch bei meiner Abberufung seine Hände im Spiel gehabt, aber natürlich ließ sich nichts beweisen.
Ich finde gerade ein Schriftstück in meinen Papieren:*

Aus Anlaß des jüdischen Erntedankfestes und wegen der vielen Pilger, sowohl aus Palästina als aus vielen Provinzen des Römischen Reiches, wurden Vorsichtsmaßnahmen getroffen. In allen Stadtteilen wurden die Posten verstärkt und an besonders gefährdeten Stellen Sonderkommandos aufgestellt.
Die Festtage verliefen im allgemeinen ruhiger als das Osterfest. Einige Taschendiebe wurden festgenommen, streitende Parteien wurden getrennt und Geldwechsler gemaßregelt.
Am heutigen Tag jedoch, um die dritte Stunde, ereignete sich in der südlichen Oberstadt, in der Nähe der Wasserleitung, die deinen Namen trägt, etwas sehr Merkwürdiges, ja Unerklärliches. Drei Viererposten patroullierten gerade in dieser Gegend, und sie trafen vor einem größeren Haus zusammen, in

* Das Original wurde von mir unter VII c/III./Ba. registriert und liegt bei. N.

dem sich eine Anzahl von Anhängern des Christus befanden, den du vor sechs Wochen hast kreuzigen lassen. Sie wurden in letzter Zeit besonders beobachtet, gaben jedoch keinen Anlaß zum Einschreiten. Man hörte aus dem Hause nur Gebet und Gesänge bei Tag und bei Nacht.
Um die dritte Stunde also, berichten die Posten übereinstimmend, entstand um dieses Haus herum plötzlich ein Brausen, als ob ein gewaltiger Sturm dahinfährt. Die Soldaten sahen einen grellen Lichtschein, ein Zucken, ähnlich dem eines Blitzes. Dieser Lichtschein erfüllte das ganze Haus, aber es entstand kein Brand. Das Brausen und Leuchten dauerte längere Zeit an, alle Soldaten konnten es deutlich beobachten.
Das Getöse machte die Menge der Bewohner und Pilger stutzig, und sie strömten in großen Scharen herbei, um das ungewöhnliche Schauspiel zu sehen. Es müssen mehrere Tausend gewesen sein, und Decurio bat um Verstärkung der Wachen. Ich schickte sofort alle Soldaten hin, die in anderen Stadtteilen abkömmlich waren.
Plötzlich öffnete sich die Tür des Hauses, und es traten elf Männer heraus. An ihrer Spitze ein Mann namens Kephas, der mit dem Jesus zusammen gesehen worden ist. Im Hintergrund waren noch mehr Menschen, darunter auch Frauen.
Dieser Kephas wandte sich nun mit lauter Stimme an das Volk und hielt eine Rede. Sie hier wiederzugeben, würde den Rahmen dieser Eilmeldung sprengen. Nach einstimmigem Bericht der Soldaten behauptete er aber, jener Jesus von Nazareth sei von den Toten wieder auferstanden, und die letzten Worte habe ich selber gehört: »Bekehret euch, und ein jeder lasse sich taufen im Namen Jesu Christi. Rettet euch aus diesem verderbten Geschlecht.«
Das Merkwürdige jedoch, erhabener Prokurator, ist, daß dieser Kephas in galiläischer Mundart sprach und doch von allen Zuhörern in der eigenen Muttersprache verstanden wurde. Ich hörte ihn römisch, meine Soldaten griechisch, gallisch, syrisch et cetera. Bis auf wenige, die den Kephas für betrunken hielten, waren alle von dem Geschehen und der Rede erschüttert und viele, etwa 3000, ließen sich taufen, darunter auch einige Soldaten, so der Hauptmann Longinus.
Ich erblickte darin keinen Verstoß gegen die Dienstvorschrift und schritt nicht ein.

Erhabener Prokurator, das ist in Kürze und Eile der Bericht. Ich werde alles noch genauestens erkunden und ausführlich zu Protokoll bringen. Die Angelegenheit erscheint mir aber so wichtig, daß deine Anwesenheit in Jerusalem wünschenswert wäre. Man kann nicht wissen, wozu Menschen in Ekstase fähig sind.

Burrus, Stadtpräfekt

PS. Ich sende diesen Eilbericht verschlossen und versiegelt und bitte um Empfangsbestätigung.

Geschwätz. Welche Phrasen. Was soll dieses dumme »erhabener Prokurator«? Was hat die Feststellung, daß die Wasserleitung meinen Namen trägt (sie *trug* ihn, wie heißt sie heute?), in einer dienstlichen Meldung zu suchen? Wenn einige Juden an Wahnvorstellungen leiden und auch noch die Soldaten damit anstecken: kann ich's ändern? Wozu ist man Stadtpräfekt? Burrus wußte genausogut wie ich, daß die Einheimischen manchen religiösen Tick hatten und jede Woche einen Messias entdeckten; warum also diese diensteifrige Katzbuckelei? Damit ich annahm, er sei ein überaus fleißiger Mann? Naiv. Er war unfähig zu unterscheiden und berichtete vom Floh an der Wand. So, dachte er, tut man seine Pflicht. Verantwortung? Die fühlte er überhaupt nicht, und wenn, war er zu feige, sie zu tragen.
So einfach ist die Sache aber nicht.

XIV

Besuch von Stephanio. Welche Absichten stecken dahinter?
Er gab vor, mich von einem neuen Gerücht unterrichten zu wollen. Durch einen Zufall sei er am Osttor vorbeigekommen (solche »Zufälle« kenne ich) und habe in einer Nebengasse, dicht am Hause des Plinius, eine Menschenmenge gesehen. »Wie zufällig« hätte er sich dazugestellt. Der Gerüchteerzähler Soundso habe von mir gesprochen. Den Namen des Mannes kenne ich nicht, er muß sehr populär sein; ich verstehe mich nun mal nicht auf Popularität.
Der Mann sagte, nach Stephanio, Pilatus habe während seiner

Gouverneurszeit sehr unheilvoll gewirkt. Er sei lasch gewesen, manchmal auch zu brutal, und die Methoden seiner Gerichtsbarkeit hätten Römer und Juden gleichermaßen verärgern müssen. Es erhebt sich die Frage (nach Stephanio: »*Nun endlich* die Frage«), ob der Kaiser nicht gut daran täte, mich dafür noch zur Rechenschaft zu ziehen. Was eigentlich ist gerade jetzt aktuell daran? Fällt den Leuten nichts anderes ein, als in Memoiren zu kramen? Wen interessiert das und warum?
Der Trick dieser Burschen ist die Verbreitung halber Wahrheiten. Sie lügen nicht, das können sie beweisen. Sie geben genaue Daten an, kennen von irgendwelchen Hintermännern höchst persönliche Gewohnheiten, was man trinkt und gern liest, und wenn sie schließlich noch herausbekommen, wo und wann man einmal zuviel getrunken oder ein unbedachtes Wort gesagt hat, ist man ihnen ausgeliefert. Gewiß, man kann sie verklagen. Aber wie eine Klage gegen die echte Lüge beinahe unfair ist, so wird ein Prozessieren gegen halbe Wahrheiten nahezu aussichtslos. Es geht dabei nicht um das reine Gewissen, sondern um den längeren Arm. Und den haben solche Leute immer.
Wer Macht hat, mißbraucht sie. Alles andere ist papperlapapp.
Der Gerüchteerzähler hatte herausbekommen, daß ich mit einem Rebellen, Barabbas, Gespräche geführt habe. Ich zitiere: »Gespräche mit sehr freundlichem Charakter. Kann er es bestreiten? Er kann es nicht. Er kann auch nicht bestreiten, daß er diesen Verbrecher und Feind Roms nicht nur geschont hat, sondern sogar beschützt. Kann er es bestreiten?«
Man kann es nicht leugnen, natürlich nicht. Aus welchen dunklen Quellen bezieht ein Gerüchteerzähler seine Informationen, und warum werden die Informatoren nicht bestraft? Woher kennt dieser Mann nicht nur den Namen des Barabbas, sondern auch meine Beziehung zu ihm? Ich bin sicher, daß er den Namen nicht schreiben kann. Aber: er plappert ihn hinaus, erweckt dadurch den Eindruck, sehr genau orientiert zu sein, ihm wird somit geglaubt, also ist bewiesen, daß ich ein Scharlatan bin.
Wenn diese Leute geschickt sind – und sie sind es –, dann werden sie einmal sehr gefährlich werden.

Stephanio berichtete:

1.) Ich sei als Gouverneur unfähig gewesen, und mein Name würde von den Historikern einmal mit Schimpf und Schande genannt werden. (Zuviel Ehre, mein Freund.)
2.) Die Zustände in Palästina seien gerade in meiner Amtszeit katastrophal gewesen.
3.) Ich hätte es weder verstanden mit dem Synedrium und den Parteien auszukommen noch mit den Freiheitskämpfern fertig zu werden. Dadurch seien meinem Nachfolger ungeahnte Schwierigkeiten entstanden. (Ich wünschte einem Gerüchteerzähler gern eine Verhandlung mit den Synedristen an den Hals. Vielleicht aber kämen die Burschen unter sich ganz gut aus?)
4.) Wäre es nicht besser gewesen, diesen Mann rechtzeitig lahmzulegen?

Äußerst sinnig, nicht wahr, einem Menschen den Tod anzuwünschen. Ich habe lange überlegt, ob ich etwas dagegen unternehmen soll; aber wozu? Nichts ist heute bestechlicher als ein Gericht, und die Gerichte sind ohnehin gegen mich. Wer könnte diesen Kerl bestochen haben? Cassius? Mein Nachfolger? Daß übrigens auch die Geschichte meines Vorfahren Pontius Aquilus gerade jetzt wieder auftaucht, wundert mich nicht. Warum soll man nicht einen Vorfahren, der aktiv an der Ermordung Cäsars teilgenommen hat, gegen den Enkel anführen? Den Leuten ist jedes Mittel recht, Hauptsache: es wird ein »Fall« daraus.
Es ist zum Kotzen.
Natürlich berichtete Stephanio unter dem Siegel strengster Diskretion und »um sich mir erkenntlich zu zeigen«. Das brauchte er mir nicht zu sagen, ich weiß selber, daß er im Notfall jedes Wort einzeln abstreiten würde. »Ich? Das hätte *ich* gesagt? Aber, meine Herren Richter, Sie kennen mich doch . . .«
Ja, ich kenne ihn auch.
Man ist bis zum Tod allein. Vielleicht ist es ein Segen, daß ich von Tag zu Tag tauber werde.
Mit Stephanio werde ich nicht fertig. Junge Mädchen halten ihn wohl heute noch für einen »schönen Mann«, doch er wollte, zumindest in seiner Jugend, von Mädchen nichts wis-

sen. Er hat gute Umgangsformen, spricht gewählt und gibt sich gebildet und gutherzig. Nur an eigner Meinung fehlt es ihm. Er spricht von Horaz so selbstverständlich wie vom Wetter, und dabei bin ich überzeugt, daß er nicht eine Zeile von Horaz begriffen hat. Er redet den Leuten nach dem Mund, überschätzt sich selber und nimmt anscheinend an, in mir ein williges Opfer für sein Gerede gefunden zu haben. Meine Taubheit stört ihn nicht. Mit verblüffender, gefährlicher Offenheit sagt er mir alles, was er zu denken vorgibt, und ich kann mir nicht erklären, welche Absichten er damit verfolgt. Natürlich weiß er, daß ich nur noch mit einem Bein im Leben stehe und jederzeit mit Schikanen zu rechnen habe. Vielleicht nimmt der Kaiser den Gerüchteerzähler ernster als ich? Was dann? Sperrt er mir mein Geld? Weist er mich aus?

In unserer Zeit wird nach dem einzelnen nicht viel gefragt. Gewiß, niemand schlägt uns ans Kreuz, niemand steinigt uns, niemand schlägt uns vor der Exekution halbtot. (So entsetzlich jedoch, wie alte, in ihren Schoßhund verliebte Tanten sich das Kreuzigen vorstellen, ist es nun auch wieder nicht.) Wir sind heute viel humaner. Wir lassen einen alten Staatsbeamten, der Ruhm und Ehre besessen und es bis zum Gouverneur gebracht hat, auf scheinbar humane, im Prinzip unheimlich präzise Art verrecken. Wer von des Kaisers Löwen (zum Gaudi aller) zerfleischt, von Soldaten gesteinigt oder gekreuzigt wird, hat immerhin die Chance, irgend etwas zu bleiben: ein anständiger Kerl vielleicht, vielleicht ein Vorkämpfer. Was bin ich? Ein Rentner des Staates, ein tauber Nichtstuer, ein verkommener Gouverneur, Freiwild für Gerüchteerzähler, alles in allem: kein ehrenwerter Mann.

In den sogenannten »besseren Kreisen« ist heute jeder ein Schauspieler. Jeder spielt Schau; sie spielen Kaiser oder Senator oder Häusermakler oder Gouverneur oder Urwalddoktor oder Wohltäter, auf jeden Fall: sie spielen. Sie sind etwas ganz anderes als das, was sie vorgeben zu sein. Sie sind zum Beispiel »konziliant«, ihrer Frau gegenüber aber durchaus unversöhnlich; sie sind »aristokratisch«, von Adel haben sie keine Ahnung; sie sagen: »Ich könnte ohne Diener genausogut leben wie jetzt«, und wissen nicht, wie man Schuhe putzt; sie bezeugen, daß sie nichts lieber wünschten als eine Welt ohne Haß, ohne Feindschaft und Krieg, aber wenn ihnen jemand von

ihren vierhundert Sklaven einen einzigen fortnehmen will, schlagen sie ihn vor den Kopf, in den Magen, in die Schnauze, ans Kreuz.
Für mich gibt es nur eine Möglichkeit: Pilatus zu bleiben.
Warum?
Vielleicht bin ich Moralist geworden. Moral, das versteht sich, nicht als Etikette; mir ist es gleichgültig, wie einer lebt. Ich habe nichts gegen Verführer, Gauner, Gerüchteerzähler und verlogene Schauspieler; meinetwegen sollen sie existieren. Ich verwahre mich aber dagegen, daß ein Schauspieler, der die Rolle des Pan übernommen hat, sich nun einbildet, Pan zu sein. Ich verwahre mich dagegen, daß ein Gerüchteerzähler sich deshalb für eine Persönlichkeit hält, weil der Pöbel ihm lauscht. Und ich protestiere, wenn ein Häusermakler öffentlich erklärt, er fördere den allgemeinen Wohlstand; er fördert ihn nicht, er profitiert daran.
Darf man das noch sagen?
Keine Frage, auch ich bin feige. Ich lasse mir vom Kaiser Geld schenken, obschon ich ihn, seine Politik und seinen Geschmack ablehne, nichts für ihn tue als faulenzen, und ich tröste mich mit der ausgezeichneten Begründung, daß der Kaiser noch mehr faulenzt und ich – keine Entschuldigung, doch ein Motiv – das schäbige Geld mit Ironie einstecke und nicht mit dem blöden Gefühl, es mir redlich verdient zu haben.
Was ich je Gutes getan habe, war gegen das Imperium. *Für* das Imperium habe ich ein paar arme Kerle hängen oder kreuzigen lassen. Und davon lebe ich heute. Hätte ich einige mehr hinrichten lassen, besäße ich einige Denare mehr; Denare aber sind nicht nur Geld, sondern Anerkennung, Sklaven, Freunde, Einladungen, Ehre . . .
Das begreife, wer will.
Natürlich habe ich mir meine Gedanken über ein Todesurteil gemacht. Jetzt aber scheint man anzunehmen, ein Besatzungschef hätte nichts Besseres zu tun als: leben, im Meer baden, ab und zu jemand hinrichten lassen, abends Wein trinken und bis zum Mittagessen schlafen.
Nach den Toten kräht kein Hahn. Sie sind tot, und wir leben.
Wofür? Für ein schönes Begräbnis vielleicht.
Und ich?
Habe Langeweile. Komme mir überflüssig vor. Schreibe.

Denke. Was aber soll's? Wir alle haben unseren Tick. Die Zeit glaubt an Rummel und Geld, und daran kann ich nicht glauben. Die Zeit glaubt an Rom und Weltherrschaft, und mir tun die Knochen weh, wenn ein Gewitter kommt. Die Welt huldigt dem Tratsch, der Sensation, gezähmten Löwen, Freudenhäusern, dem selbstherrlichen Kaiser, Saufgelagen oder der Karriere.
Mein Lehrer Fabricius sagte: »Jeder glaubt, was er glauben *will.*« Die Griechen hatten andere Götter, weil sie sich andere Götter wünschten. (Plato, Ring des Gyges lesen. – Notieren!) Wir verstehen sie nicht mehr, weil man zur Geschichte kein Verhältnis gewinnen kann. Der moderne Römer zum Beispiel hat von *Pan* eine verschwommene, fast legendäre Vorstellung. Es muß schon ein kluger Römer sein, wenn er weiß, daß Pan ein griechischer Gott war, in einer Höhle hauste, die heiße Mittagsstunde liebte und die Schlacht bei Marathon gewinnen half.
Ein echtes Verhältnis?
Der Mann auf den Straßen Roms hat andere Götter. Er liest, alexandrinisches Parfum auf der Stirn und eine neugeschneiderte Toga um den Leib, Verse des Homer und bildet sich nun ein, von diesem Homer wirklich etwas zu kapieren. Er liest, sagt er, *seinen* Homer. Das wäre ungefähr dasselbe, als würde ein Mensch, der, fünfhundert Jahre nach uns, sagen wir, durch die Luft schweben kann, behaupten: so und so hat es damals in Rom ausgesehen. Welches »Verhältnis« hat er denn zu uns: aus der Luft, Jahrhunderte nach uns, mit ganz anderen Augen? Über mich könnte er berichten: taub, faul, brutal und staatsfeindlich. Und das ist ungefähr das Gegenteil von dem, was ich wirklich bin.
Bedenklich nur, daß die Verrücktheiten unserer Zeit immer verrückter werden. Auch in meiner Jugend gab es Frohsinn, Späße und hier und da auch einen derben Streich. Die Jugend heute macht vor nichts mehr halt. Sie randaliert, gröhlt nachts durch die Straßen, überfällt hilflose und gebrechliche Leute, und alles aus gelangweiltem Übermut. Sie hat keine Ziele mehr. Rom ist Rom, und was für Rom zu tun war, ist schon getan worden. Eleazar berichtet von einem jungen Burschen, der ein Büro aufgemacht hat und die Vermittlung von Heiraten als Gechäft betreibt; vor kurzem hat sich eine Enkelin des

Kaisers (Lepida) umgebracht, um der Verurteilung (Ehebruch mit einem Sklaven) zu entgehen. Die Sucht nach Abnormitäten ist grenzenlos. Man stellt jetzt Mißgeburten von Menschen aus und läßt sie gegen Geld bestaunen. Eleazar sah einen Knaben, der siebzehn Pfund wog, keine zwei Fuß groß war und dabei eine Stentorstimme hatte. Der Kaiser erhielt, wie die Zeitung berichtete, aus Indien folgende Geschenke: einen Menschen ohne Arme, drei Nattern, eine Schlange von zehn Ellen, eine Flußschildkröte von drei Ellen und ein Rebhuhn, das größer als ein Geier sein soll.
Wohin führen solche Gelüste?

Auch die juristische Bildung nimmt täglich ab. War schon mein Vater ein gerissener und keineswegs sauberer Advokat, so spielt die Kenntnis des Rechts heute überhaupt keine Rolle mehr. Vom Freigelassenen bis zum Senator ist die Advokatur jedem zugänglich, und da die raffinierte Rede alles bedeutet, Sitte und Gesetz dagegen so gut wie nichts, werden die größten Gauner nun zu Anwälten des Rechts. Auf dem Weg zum Reichtum ist ihnen nichts zu schmutzig, sie nehmen alles an: Geld, Wein, Schinken, Edelsteine, Purpurmäntel, alles. Die Statuen vor ihren Häusern wachsen aus dem Boden, und nach jedem gewonnenen Prozeß hängen sie sich einen Palmenzweig über den Eingang. Ihnen ist alle Reklame recht. Ihr Gewerbe bringt ihnen weder Titel noch Ansehen ein, also wollen sie wenigstens Reichtum. Wenn sie vor Gericht sprechen, bereiten sie sich wie ein Schauspieler vor; sie trinken mehrere Wasserflaschen leer, um damit vorzutäuschen, wie erregt und empört sie sind, deklamieren mit Pathos und theatralischen Gesten allerhand Unsinn, der nicht zur Sache gehört, und damit jedermann weiß, wie »klug« und »gebildet« sie sind, kommentieren sie ganz nebenbei noch die punischen Kriege und Sullas Dichtkunst. Nichts als Theater natürlich. In Wirklichkeit mieten sie sich Klatscher und Bravorufer, erkaufen Urteile, indem sie den Richtern einen Teil des Honorars geben, und vor einigen Wochen wurde sogar ein Advokat verurteilt, weil er sich von der Gegenpartei bezahlen ließ und den Prozeß für seinen Klienten nur zum Schein führte. Kein Wunder also, daß dem Volk allmählich die Augen aufgehen und nur noch von dem »hündischen Beruf« des Advokaten gesprochen wird.

Wir waren einmal ein Rechtsstaat.
Den Advokaten ist das gleichgültig. Solange die Gelder fließen.

XV

Über Probleme der Besatzung und über Barabbas

Wir waren zu siegreich. Über ein besiegtes Land und über seine Menschen sind wir gewohnt, nicht nachzudenken. Beide haben den Krieg verloren, keine Ansprüche zu stellen, sondern sich dem Willen des Siegers zu beugen.
So glaubt man.
Darüber hinaus herrscht hierzulande die Ansicht, der Gouverneur einer besiegten Provinz habe eine Villa, einen schönen Garten, Soldaten, die ihn am Leben halten und für ihn kämpfen, und nebenbei dafür zu sorgen, daß die Bevölkerung nicht aufsässig wird. Was sollte er sonst tun, nicht wahr?
Demgegenüber stelle ich fest, daß die palästinensischen Juden es fertiggebracht haben, meine Abberufung zu erzwingen und ich, Gouverneur des Kaisers, ein Opfer ihrer Macht wurde.
Mir geht es nicht um Verteidigung. Das Gerede der Gerüchteerzähler und Neuigkeitskrämer, so unappetitlich es auch ist, gereicht mir allenfalls zur Ehre. Von ihnen gelobt zu werden, ist selten ein Verdienst und niemals eine ehrenwerte Sache. Mir geht es lediglich um ein Problem, mit dem ich mich manche Jahre meines Lebens befaßt habe, und eine erste Frage ließe sich so formulieren:
Welche Mittel, Methoden und Gesetze sind geeignet, die Besatzungsmacht zu ihrem Recht, die Besiegten dagegen zu einer relativ unabhängigen Selbständigkeit kommen zu lassen? Daß ich dabei, von praktischen Gesichtspunkten ausgehend, vor allem das Palästinabeispiel behandele, versteht sich von selbst.*
Das Argument, der Sieger sei im Recht, eben weil er gesiegt

* Wie blöde und holprig die Sprache doch wird, wenn man nicht für sich, sondern für ein paar Hornochsen schreibt, denen man seinen Standpunkt klarmachen will. Warum will man es? P.P.

hat, wird von den Besiegten nicht anerkannt. Sie halten sich für Unterdrückte, und Unterdrückung, sagen sie, kann niemals rechtens sein. Sie sind ebenso stolz wie mißtrauisch. Die Stolzen lehnen es ab, aus der Hand des Gouverneurs ein Geschenk anzunehmen; die Mißtrauischen weigern sich, selbst einem gemeinen Soldaten die Hand zu geben, weil sie sich einbilden, dadurch verzaubert oder verhext zu werden. Ist der Besatzungschef streng, haßt das Volk ihn, ist er gütig, hält es ihn für schwach und unfähig; versucht er, unabdingbar gerecht zu sein, mißlingt der Versuch, denn das Volk hat ein anderes Empfinden für Recht und Unrecht.

Ein Beispiel dafür:
Ein erstes Problem in Palästina war, mir von dem Messiastick der Juden eine Vorstellung zu machen. Sie glaubten, aus welchen Gründen auch immer, ein »Messias« würde kommen, sie befreien, zum Sieg über Rom führen, und um diese naive Ansicht zu erhärten, bemühten sie Wahrsager, Priester, Sterndeuter und allerhand Gesocks. Die Besatzungsmacht kann solche Leute immer nur schwer unter Kontrolle halten.
Nun spitzte sich diese religiöse Wahnvorstellung immer mehr zu. In den letzten Jahren meiner Amtszeit tauchte fast jede Woche ein »Messias« auf; die einen glaubten daran, die anderen nicht, und bald artete dieser Rummel in handfeste Streitereien aus, das Volk wurde unruhig, und zahlreiche Gauner nutzten die Dummgläubigkeit zu politischen Intrigen oder machten damit Geschäfte. Vom Messias wurde erwartet, daß er die römische Herrschaft beseitige, die »Heiden« ausrotte, unsere Kopfsteuer abschaffe, mit »dem Schwert in der Hand« erscheine und die Juden zum Volk der Völker mache. Der Messias selbst sollte ein »Adoptivsohn des Judengottes« sein, und in einer beschlagnahmten Schrift fand sich die Weissagung: »Du wirst glücklich sein, o Israel, und auf den Nacken und die Flügel des römischen Adlers treten.«
Hierzulande steht man solchen Erscheinungen fassungslos gegenüber. Da wird gefragt: Aber, wie konntest du dir das gefallen lassen? Warum hast du denn nicht zugeschlagen? Warum sind die Burschen nicht vernichtet worden?
Meine Antwort:
Ich hatte für Ruhe und Ordnung zu sorgen, Mord und Tot-

schlag gab es ohnehin genug. Außerdem war das militärische Potential gering, einem Volksaufstand wären wir nicht gewachsen gewesen. Es war daher ein Gebot der Klugheit und der Treue gegen Kaiser und Rom, zu versuchen, die täglichen Zänkereien und Streitigkeiten nicht in Rebellion ausarten zu lassen, und eben deshalb schien es mir richtig, die Gerichtsbarkeit der Juden nur wenig zu beschneiden. Mochten sie ruhig über sich selber zu Gericht sitzen; auf diese Weise blieb ich die letzte Instanz, weitgehend neutral und ohne mich mit ihnen gemein zu machen, und ich kann behaupten, daß diese Taktik sich bewährt hat.

(Während meiner gesamten Dienstzeit ist es ihnen nur einmal gelungen, einen Burschen, der sich für den Messias ausgab, vor meinen Richterstuhl zu bringen. Der Mann war weichlich, etwas schwach auf der Brust, der Sohn eines Gelegenheitsarbeiters und ohne Zweifel kein Staatsfeind; dieser Fall führt jedoch vom Thema ab und dürfte kaum von allgemeinem Interesse sein.)

Im Rahmen dieses Problems ist Barabbas ein Musterbeispiel. (Meine Gespräche mit ihm notieren. Titel: »Vom Aberglauben«.)

Er begann als Kämpfer gegen das Römische Reich, als Rebell, als »Held«. Er wurde älter, dickleibiger und lebte vom Lorbeer der Vergangenheit; schließlich, wie oft bei solchen Naturen, verfiel er dem religiösen Wahnsinn. Er glaubte an Erscheinungen, Gespenster, Wunder; er bekam den starren Blick, verlor den Sinn für jede Realität, schwärmte von »seinem« Messias wie von einer ihm unerreichbaren Geliebten, und wenn ich mich auf solch abergläubische Albernheiten einließ und ihn durch Argumente in die Enge trieb, hielt er ein paar Sprüche bereit und sagte: »Er war ein Gottessohn« oder: »Für mich ist er gestorben.«

In Rom lacht man darüber und meint achselzuckend: »Sorgen haben die Leute.« Für den Besatzungschef ist es aber eine Sorge. Er hat sich mit größeren Albernheiten auseinanderzusetzen, und gerade jene Leute, die behaupten, ich hätte mich nie und nimmer darauf einlassen sollen, einem Barabbas Gehör zu schenken, werfen mir im nächsten Satz vor, mein größter Fehler wäre der gewesen, das Ohr nicht am Maul des Pöbels zu halten. Sie meinen, sie verständen alles besser. Darf ich fragen, was ihr überhaupt versteht? Was denn? Der Kaiser ist ein . . . .*)

XVI

Zum zweiten Male seit Claudias Tod in der Stadt. Ich begreife nicht, daß sie tot ist. Ich denke:
Hoffentlich hat sie sich nicht erkältet.
Was eigentlich hält sie von Stephanio?
Hat sie mir nicht gesagt, ich sollte etwas mitbringen?
Komme ich auch nicht zu spät zum Essen?
Ich komme nicht zu spät. Sie ist tot, denke ich, bleibe stehen, weil ich im Stehen besser denken kann, mache die Augen zu, warte noch einen Augenblick . . . Dann merke ich, daß die Leute mich beobachten und mich ansehen, als wollten sie sagen: »Was ist denn mit dem los?«
Nichts. Einer kommt vorbei, grüßt mich, will mir die Hand geben, ich kenne ihn nicht – oder doch? –; und schon ist er vorbei. Ich fühle, daß er mir nachschaut; vielleicht denkt er, ich sei leicht gestört oder halb verrückt, und plötzlich, zwischen Stirn und Hinterkopf, ist dann das Stechen da. Es ist immer derselbe Punkt. Im Anfang zuckt es, ganz leise, ganz leicht, in unregelmäßigen Abständen noch; dann wird der Schmerz stabil, sticht um sich, gegen die Stirn, die Kopfhaut, hinter die Ohren und dicht unter die Augen; dann wagt er den ersten Schlag ins Gehirn. Darauf habe ich nur gewartet. Wenn er einmal im Gehirn ist, habe ich das gröbste überstanden. Zwar sitzt er im Gehirn, stößt, schlägt, poltert, pumpt, aber: er überrascht mich nicht mehr. Er ist da, nun gut, ich kann's nicht ändern. Das Schlimme sind die tastenden Vorstöße.
Ich kenne mich nicht mehr aus in der Stadt. Rom hat weniger arme Leute als öffentliche Parks und mehr Paläste als Herren, die darin zu wohnen wissen. Bald wird es nur noch Paläste geben, dann sind die Armen reich und die Reichen arm, und die ganze Chose fängt wieder von vorn an. Wohl dem, der wenigstens einige Jahre seines Lebens regulär gelebt hat.

* Der nun folgende Text ist von mir in untertänigstem Respekt unslesbar gemacht worden. N.

Natürlich trostlos. (Doch was ist Trost? Wenn mir jemand zum Tode meiner Frau sagt: »Reg dich nicht auf.«)
Ich wollte zum Tiber, um die Wellen zu sehen. Eine Kateridee, ich weiß; doch wenn der Kater schon Ideen hat, soll man sie auch akzeptieren. Natürlich kam ich nicht zu meinem Vorhaben (wann komme ich überhaupt dazu?); ich traf den Hauslehrer des Cassius, bekam unterwegs Kopfschmerzen, sah eine Katze, blieb stehen und überlegte, ob ich sie mitnehmen sollte. Vielleicht aber will sie gar nicht mitgenommen werden, dachte ich; vielleicht faucht sie mich an? Vielleicht läuft sie mir davon, und die Passanten lachen mich aus; vielleicht ist sie ausgesetzt worden und hat die Pest? Warum will ich sie überhaupt mitnehmen? Was soll ich denn mit einer Katze? Wer füttert sie? Wie kommt man nur auf solche Gedanken? Weil Claudia tot ist? Weil sie verhungert aussah? Menschen sehen oft verhungerter aus, doch wer nimmt sie deshalb mit? Warum also?
Nur diese ewigen Warums machen mir Kopfschmerzen. Wenn ich Heilpraktiker wäre und mich zum Patienten hätte, würde ich meinem Patienten die Sucht nach diesen Warums austreiben.
Ich wollte zum Tiber. Unterwegs kam ich, ohne es zu wollen, am Abnormitätenmarkt vorbei, sah einen Menschen, der sich im eigenen Kot herumwälzte, weder stehen, gehen noch irgendein Wort sprechen konnte, und obwohl er das Gesicht eines etwa Vierzigjährigen hatte, war er nicht größer als ein zweijähriges Kind. Er war unrasiert, hatte einen ungepflegten Bart, einen mächtigen Haarschopf und einen zahnlosen Mund; die Zuschauer beachtete er nicht, wippte mit dem Oberkörper hin und her und lutschte an seinen winzigen, verkrüppelten Zehen. Dann sah ich eine Frau, die keine Beine hatte; sie war nackt. Die Haut an den Stümpfen war wabbelig, hellrot und zappelte hin und her. Die Frau grinste mich an. Sie war blöd, doch plötzlich dachte ich, daß sie mich für blöd hielt. Wer hatte recht? dachte ich. Ein Mann mit einem riesigen Buckel ließ sich unentwegt auf den Rücken fallen, ich dachte, der Buckel müsse ihm zerspringen, und diesen Gedanken erschien er zu erraten; er feixte, leckte sich die Lippen, stand behende auf, lachte, stieß einen tierischen Laut aus und bettelte mich um Geld an. Ich gab ihm etwas.

Dann ging ich nach Hause. Den Tiber und die Wellen hatte ich vergessen.

Wenn ich einen Buckel hätte, würde ich versuchen, *kein* Geld damit zu verdienen. Ich würde, denke ich, gegen meinen Buckel anleben.
Leicht gesagt. Aber wenn man überhaupt lebt, lebt man *gegen*. Und wenn schon – wie ich – gegen Kaiser, Gerüchteerzähler, taube Ohren und sehr viel Pöbel: warum nicht gegen einen Buckel?
Eleazar ist wieder nicht zu Hause; das geht nun jede zweite Nacht so. Wo ist er? Wieso ist er fort? Wozu? Warum?
Immer neue Warums, aber man lebt, denkt, schreibt, liest, ißt, schläft, hat Kopfschmerzen, immer so weiter.

XVII

Charakterbild von Stephanio

Er sieht gut aus.
Er spricht dialektfrei und mit schöner, wohlgesetzter Stimme. Dabei weiß er nicht, was er sagt. Ich habe ihn zum ersten Male auf der Bühne gesehen, als er noch jung und unbekannt war; er gefiel mir. Einmal mußte er wegen nächtlichen Randalierens vor Gericht, und mein Vater verteidigte ihn. Stephanio lügt wie heutzutage jeder (Lügen muß? Lügen will? Nur noch lügen kann?), aber er lügt anders; er lügt schauspielerisch. Wenn er sagt: »Mein lieber, verehrtester Pilatus«, meint man, er stände auf der Bühne und deklamierte; hier und jetzt wirkt es verlogen.
Er ist eitel. Seine Eitelkeit besteht darin, in jedem Gespräch mehrmals zu versichern, daß er nicht eitel sei. Er steht stundenlang vor meinem Haus, um auf mich zu warten, und wenn ich dann aus der Stadt zurückkomme, versteckt er sich, tritt ein paar Minuten später bei mir ein und sagt: »Zufällig komme ich bei dir vorbei.« Natürlich ist er überzeugt, daß alle Mädchen Roms ihm nachschauen; sobald er jedoch einen Homosexuellen sieht, ändert er seinen Gang und denkt, wie lieb der mir nachschaut. Der Homosexuelle indes hat ihn überhaupt nicht bemerkt; er hatte an seine Steuererklärung zu denken.

Seine Kollegen sind »lieb« oder »nett« oder »wirklich reizend«. *Schauspieler* sind sie nicht. »Hast du gesehen«, sagt er, »mit welcher Primitivität C. das macht?« Oder: »Findest du nicht auch, daß B. wahnsinnig übertreibt?« Er gibt einem gar nicht die Möglichkeit, darauf zu antworten, setzt die Zustimmung von vornherein voraus und sagt: »Siehst du, das habe ich ja immer gesagt, da bin ich ganz deiner Ansicht.« Ob Kind oder Frau oder Held oder Possenreißer: nur einer kann jede Rolle einmalig spielen: Stephanio.
Mit allen Leuten ist er einer Meinung; er sagt nie: »Da irrst du« und nie: »Das weiß ich nicht.« Er ist fähig, jede Behauptung zu seiner eignen zu machen. Er schimpft mit jedem über jeden, nur nicht über den, mit dem er gerade spricht. Wenn ich ihm sage, der Kaiser sei ein Idiot, antwortet er, so könne man es auffassen; frage ich drei Sätze später: »Ist der Kaiser nicht ein guter Mann?« erwidert er: »Ganz meine Meinung.«
Er spielt immer sich selbst. Er kann nicht »eintreten«, nicht »hereinkommen«, nicht plötzlich da sein: *Er tritt auf*. Gesetzt den Fall, er wäre sinnlos betrunken, fiele in die Gosse und schliefe dort seinen Rausch aus, würde sein erster, halbnüchterner Gedanke sein: na, wie habe ich das gemacht?

XVIII

Mein Urteil über Stephanio ist ungerecht. Vielleicht denkt jemand geradeso von mir? Vielleicht notiert jemand in sein Tagebuch:
Pilatus ist ein ehrenwerter Mann. Ist er es? Nein, denn er ist zu feige, dem Kaiser seine Meinung zu sagen. Er ist lasch, labil und kommt von seiner Frau nicht los. Pilatus lügt. Er stellt es heute so dar, als habe er seine Frau geliebt, in Wahrheit hat er sie gequält. Er hat sie angeschrien, sie belogen und mit Eifersüchteleien gepeinigt. Er ist ein Trinker und geschickt bemüht, seine Trunksucht geheimzuhalten. Pilatus gibt sich gern als der seriöse, belesene, kultivierte Gouverneur a. D., doch er hat gestohlen.
Ist Pilatus ein ehrenwerter Mann?
Manchmal ist er zu faul, sich zu waschen. Manchmal ist er so betrunken, daß er sich nicht mehr entkleiden kann. Pilatus ist

eitel. Er möchte gern für einen hervorragenden Besatzungschef gehalten werden; er ist es aber nicht. Pilatus ist weich. In seinen vier Wänden läßt er sich gehen, betet, bemitleidet sich, weint, und nur nach außen markiert er den zielbewußten Mann. Pilatus ist ungerecht. Er hat seine Frau mißhandelt.
Genug.
Kopfschmerz.

XIX

Einladung von Cassius, die mir unangenehm war. Früher hätte ich abgesagt, weil ich nicht gegen meine Überzeugung handeln konnte. Das ist heute anders; seit Claudias Tod bin ich abgestumpft. Warum soll ich mir seinen Haß zuziehen, indem ich ihm eine Abfuhr erteile? Jetzt hat *er* die Macht, die einmal ich besaß, und gegen eine eventuelle Verleumdung beim Kaiser ist der, wenn auch widerwillige Besuch das kleinere Übel. Ich bin es satt, den guten Menschen zu spielen.
Cassius hatte sich viel Mühe gegeben, noch reicher zu scheinen, als er tatsächlich ist. Wenn man ohnehin Geld hat, gehört dazu nicht viel. Speisen und Wein hätten für weitere hundert Personen gereicht; vielen verschlug das üppige Mahl den Atem, aber ich muß mit meinem Atem vorsichtig sein; ich weiß nicht, wie lange er noch vorhält. Cassius ging es natürlich nicht darum, daß alle satt wurden. Er wollte seinen Gästen zeigen, was er sich leisten kann. Die meisten waren neidisch, aber den Gefallen konnte ich ihm nicht tun; ich war auch nicht neidisch. Warum denn? Weil Cassius Fasanen verschlingt? Mir ist ein Stück vom Schwein lieber.
Er bemerkte meine Resignation, sah mehrmals zu mir herüber, doch ich entschuldigte mich mit meiner Taubheit. Verlogen, klar; aber davon leben ja solche Veranstaltungen.
Mir kam alles etwas verrückt vor. Nur wenige Gäste waren mir bekannt; die Neureichen wechseln in Rom fast stündlich. Ich sprach einige Worte mit Fluvius, später mit Stephanio. Der ganze Rummel dauerte bis tief in die Nacht, und als ich merkte, daß die meisten betrunken waren, machte ich mich davon.
Eine andre Welt. Von allen Anwesenden hat man das Gefühl,

daß sie nichts tun, doch jeder einzelne versichert, er wüßte vor lauter Arbeit nicht, wo ihm der Kopf steht. Ihr Tag ist ausgefüllt; schon vor Tagesanbruch haben sie Besuche zu tätigen; dann haben sie eine geschäftliche Verabredung, eine diskrete Besprechung und eine persönliche Unterredung; dann müssen sie eine Dichterlesung über sich ergehen lassen, die sie gar nicht interessiert; schließlich eilen sie ins Gericht, zum Prätor, zum Dianatempel, zu einer Verlobung oder zu einem Kranken. Bei einem vorgeblichen Freund wie Cassius schlagen sie sich die Nacht um die Ohren. Was haben sie *getan*? Nichts. Sie sind dabei gewesen.
Meinetwegen.
Ich verstand nur wenig. Wenn man nüchtern und taub ist, werden einem solche Feste sinnlos. Den einzigen Satz, den ich aus dem Munde des Cassius verstand, war die Frage, ob es nicht angebracht sei, die Armen aus Rom auszuweisen, sie trübten das Stadtbild; und unmittelbar zu mir gewandt fragte er, ob nicht in Palästina für solche Leute Platz sei. Eine derart dumme Bemerkung ist natürlich nur dumm zu beantworten, und ich erwiderte, Palästina sei ohnehin überbevölkert. Cassius hielt diese Auskunft anscheinend für weise und nickte verständnisvoll.
Idioten.
Der Abend begann zunächst friedlich. Ein Chor Freigelassener sang, Stephanio rezitierte Virgil und Horaz (!), man tanzte Pantomimen, und einige mir fremde Schauspieler führten eine neue Komödie auf. Ich kannte sie nicht. Zum Essen gab es Lyra- und Flötenmusik, die ich zum Glück nicht hören konnte, und von den zahllosen Speisen war mir die Hälfte unbekannt. Wie das Zeug sich im einzelnen nennt und wo es herkommt, das wissen bestenfalls die Götter. Ich habe nicht viel dafür übrig. Nun begann der »fröhliche Teil«: andalusische Tänzerinnen, die eine üppiger als die andere, sangen unzüchtige Lieder und führten sich dementsprechend auf; dann Zotenreißer; zwei dressierte Kinder wußten auf jede noch so harmlose Frage eine obszöne Antwort; ein Neuigkeitskrämer erzählte Intimitäten; Cassius ließ Geld verteilen, damit sich »alle seine Freunde« dem Würfelspiel hingeben könnten. Wenn selbst der Kaiser ein Buch über das Würfelspiel schreibt

. . . .

. . . . *

Zum Gespräch? Vom Wetter (Seneca: »Dem törichten Geschwätz derer, die nach Worten suchen«). Ob Meernahrung bekömmlicher sei als Landfrüchte? Ob die Henne vor dem Ei gelebt habe? Warum Pythagoras verbiete, Fische zu essen? Ob die Juden das Schwein aus Verehrung oder aus Verachtung verschmähen? Wer der Gott der Juden sei? Welche entsittlichende Wirkung moderne Musik habe? An welcher Hand Diomedes die Venus verwundet habe? Sind die Gladiatoren müde, und in welchem Alter ist ein Rennpferd auf der Höhe seiner Kraft? Schließlich: weißt du, wieviel L. für seine Maitresse zahlt? Hast du schon gehört, daß Titus dem Lipus 700 000 Sesterzen schuldet? R. ist homosexuell geworden, W. treibt's mit Tieren etc. etc.

So sehen unsre Sorgen aus.

Stephanio wollte meine Meinung über den Kaiser hören; ich gab ihm eine ausweichende Antwort. Wo jeder jedem mißtraut, werden die Gespräche schweinisch oder dumm.

Übrigens zahlt Cassius seinem Kutscher 20 000 Sesterzen.

Warum?

Weil der Kutscher taub ist.

Vielleicht bewerbe ich mich als Kutscher?

XX

Ich las bei M.:

»Du bist ein artiger Mann, Cotilus, so sagen viele; doch was ist ein artiger Mann? Einer, der seine Locken in kunstvoller Ordnung trägt, der stets nach Balsam und Zimtöl duftet, der die Melodien alexandrinischer und spanischer Tänze summt, der seine glatten Arme tänzerartig bewegt, der den ganzen Tag zwischen den Sesseln der Frau sitzt und immer in irgendein Ohr flüstert, der Briefchen schreibt und die Briefchen anderer Leute liest, der sich in acht nimmt, mit dem Ellbogen des Nachbarn nicht in Berührung zu kommen, der weiß, in welches Mädchen einer verliebt ist, der von einem Gastmahl zum anderen läuft und den Stammbaum des edelsten Pferdes im Zirkus auswendig weiß.«

* Vom Gouverneur a. D. unlesbar gemacht. N.

»Was sagst du? Das sei ein artiger Mann? Dann, Cotilus, ist es eine sehr verwickelte Sache, ein artiger Mann zu sein.«
Verwickelt?
Es ist das Ende.

XXI

Morgens machte ich die Augen einen Spalt weit auf, sehe das Dämmerlicht und mir fällt irgend etwas ein; mir fällt ein Gesicht ein oder ein Seeboot oder die Hand meiner Frau. Ich habe keine Lust, wach zu werden, mache die Augen wieder zu, doch die Verrücktheiten meiner Gedanken geben keine Ruhe. Ich sehe ein Stück vom Himmel oder meinen Arm oder einen Sessel, und ich denke: was ist das? Aha, denke ich: der Himmel oder dein Arm oder der Sessel. Die Augen werden größer, ändern die Richtung, stellen sich ein, begreifen die Zusammenhänge, und ich sage mir: na also, da bist du ja, du lebst.
Gut. Was fängst du damit an?
Am liebsten nichts. Am liebsten: die Augen wieder zu, das Seeboot herbei, das Gesicht, die weiße Frauenhaut, aber: zu spät.
Aufstehen, denke ich, das wäre was.
Jedoch, wozu?
Gestern, kurz vor dem Einschlafen, hatte ich Kopfschmerzen. Ich habe gelesen, geschrieben, nachgedacht, doch das letzte, woran ich mich erinnern kann, ist: du hattest Kopfschmerzen. Wer nimmt sie mir fort? Wer schafft sie beiseite? Wohin ziehen sie?
Vielleicht zu einem anderen. Vielleicht zu einem Tier. Oder zu Cassius, zu Claudia, zum Kaiser.
Schon gut, denke ich, steh auf.
Dieser Gedanke macht mir Kummer. Es ist, wenn ich genau sein will, meine erste Sorge. Wieso stellt sich jeden Morgen diese fixe Idee ein, die mir sagt, ich hätte aufzustehen? Zu welchem Zweck denn? Ändern tut sich dadurch nichts; ich, von mir aus, könnte ebensogut liegenbleiben.
Doch ich sage mir: nun bist du wach geworden, du lebst, das ist kein Zufall, sei also kein Spielverderber.
Bitte schön. Ich stehe auf.

Was nun? Mein zweiter Kummer ist, daß ich mir komisch vorkomme. Das Zimmer, denke ich, sieht verrückt aus, die Sonne ist grell, ich muß gähnen, der Fußboden ist schmutzig, meine Zehen sind verwachsen, ich habe keine Lust.
Das wollen wir doch mal sehen, denke ich.
Was wollen wir sehen?
Daß ich da bin und lebe.
Na schön.
Und nun?
Ich denke an Eleazar. Ich denke an keine Sekunde zu früh an ihn, ich hätte schon viel Zeit gehabt, mich seiner zu entsinnen, aber gerade jetzt scheint es mir recht zu sein, denn er kann mir beim Anziehen helfen. Ist es auch ihm recht? Vielleicht ist er mit seinen Gedanken ganz woanders, in Palästina oder bei seinen nächtlichen Exkursionen?
Egal. *Ich* habe zu denken, nicht er. Eleazar kommt.
(Wenn er nun einmal nicht kommt? Drei Möglichkeiten: Er ist krank oder tot oder entlaufen. Krank = Untersuchung; tot = Begräbnis; entlaufen = Polizei. – Schmale Existenz.)
Ich wasche mich. Warum? Um sauber zu sein? So dreckig bin ich nicht. Um wach zu werden? Ich bin jetzt wach. Um gesund zu bleiben? Sterben muß ich ohnehin; wann, das spielt keine Rolle.
Manchmal habe ich Angst vorm Sterben. Aber die ist nach dem Waschen genauso groß.
Ich ziehe mich an, Eleazar hilft mir.
Hast du gut geschlafen, Herr?
Danke, und du?
Danke, gut.
Fühlst du dich wohl, Herr?
Ja, sage ich, denn mir tut nichts weh.
Pause.
Und du, wie fühlst du dich?
Mir geht's gut, sagt er.
Pause.
Ich denke ... an irgend etwas ... an Rom, Palästina, die Sonne, eine Katze.
Er denkt ... an irgend etwas ... was weiß ich.
Was denkst du? frage ich.
Ach, sagt er, nichts.

Doch, erwidere ich, an irgend etwas denkt man immer. Ich wünsche, daß du mir eine Antwort gibst.
An nichts denke ich; wirklich, Herr.
Wo warst du vergangene Nacht? frage ich.
Im Hause.
Ist das wahr?
Wie meinst du das, Herr?
Nun, du könntest ja fort gewesen sein.
Warum?
Weil, hätte ich sagen können, du schon öfter fortgegangen bist; weil es dir zu langweilig ist mit mir; weil ich taub bin; weil meine Frau tot ist; weil du keine Lust mehr hast; weil du andere Interessen hast. All das hätte ich sagen können.
Ich sage:
Mir kam nur so ein Gedanke.
Ja, die kommen schon mal, sagt er.
Mit fortschreitendem Anziehen wachsen in mir Gouverneursgefühle. E. kniet vor mir, ist eifrig, devot, und der kurze Blick hinunter auf seinen krummen Rücken gibt mir den Anstoß, mich straff aufzurichten. In der Wirbelsäule bin ich nach wie vor Gouverneur.
Wenn ich allein bin, schwindet der Gouverneur dahin. Ich bin dann allerhand, zum Beispiel: verheiratet. Ich gehe ins Zimmer meiner Frau, befühle Stoffe, sage: »Guten Morgen«, bilde mir ein, sie gäbe mir eine Antwort, betrachte einen Armreif von ihr, freue mich daran und spiele dieses Spiel so lange weiter, bis ich irgendwann denke: du bist nicht mehr ganz normal.
Das stört mich. Ich gehe aus dem Zimmer, lasse mir die Zeitung kommen, weil ich denke, diese Beschäftigung sei etwas ganz »Normales«, doch schon bald ärgere ich mich über die Schreibfehler, überlege, ob die sinnwidrige Grammatik von den Herausgebern stammt oder durch die Oberflächlichkeit der abschreibenden Sklaven zustande kommt, und ich ärgere mich derart, daß ich auch diese Beschäftigung bald leid bin.
Die sind auch verrückt, denke ich.
Was tun?
Es ist wirklich nicht einfach. Ich setze mich in meinen Sessel, mache die Augen zu und unterhalte mich.
Na, sage ich, wie geht's denn?
Danke, antworte ich mir, ganz gut.

Pause.
Ziemlich schwierig, so eine Unterhaltung. Bei anderen Leuten kann man drauflos reden.
Die Sonne scheint, sage ich. Was hältst du davon?
Was ich davon halte?
Ist doch schön, oder?
Doch, sage ich, das ist es.
Pause.
Im Sonnenstrahl tanzt Staub. Ich räuspere mich, bilde mir ein, beim nächsten Atemzug legten sich die Staubteilchen auf meine Lunge, und weil ich davor Angst habe, atme ich eine Zeitlang nur noch mit halber Kraft.
Genügt auch, denke ich.
Und jetzt?
Ich frage mich:
Wie eigentlich geht es Claudia?
Oh, danke; ihr geht es gut. Sie hat Ruhe und viele Freunde, sie denkt an mich, liebt mich, ist bei mir, ich will nichts sagen, was übertrieben wäre, aber ... Und jetzt belüge ich mich eine Weile selbst. Das ist angenehm.
Bald jedoch macht mir das keinen Spaß mehr. Ich muß mich nach etwas anderem umsehen.
Vielleicht könntest du etwas schreiben? frage ich mich. Wie wär's damit?
Einverstanden. Ich überlege. Ich denke: steh jetzt auf und schreibe.
Keine Reaktion.
Los! sage ich.
Nachdem ich mich derart kommandiert habe, kommt ein untauglicher Gedanke daher und fragt mich:
Wozu eigentlich? Wozu schreibst du?
Das setzt mich schachmatt. Ich habe keine Lust mehr. Aber irgend etwas muß ja geschehen. Ich werde jetzt sehr korrekt und denke:
Du bist wach geworden; du bist aufgestanden; du hast dich gewaschen, angekleidet, mit deinem Diener unterhalten, die Zeitung gelesen, an deine Frau gedacht, dich mit dir unterhalten: was nun?
Mir fällt nichts ein. Ich lese Horaz, denke, ob er ein guter Mann ist, ob er ein großer Mann ist oder nur ein Streber und

ein Feigling. Immerhin eine merkwürdige Sache, wenn jemand, der selber desertierte, die Helden besingt. *Wer, wie, was* ist ein Held? Müssen Helden besungen werden? Wer soll es tun? Sie selber? Sind sie dann noch Helden? Wer soll es sonst tun? Irgendein Zivilist, der nicht weiß, wie Blut riecht? Wenn Horaz desertierte, ist er nicht gerade deshalb ein Held? Gelten nicht viele Krieger eben darum als tapfer, weil sie zu feige zum Desertieren waren?
Meine Gedanken sind wie ein Hund, der in nimmermüder Rotation hinter seinem Schwanz herläuft.
Jetzt bin ich allmählich so weit, daß die Kopfschmerzen einsetzen.
Du bist es selber schuld, denke ich.
Ich mache das Zimmer dunkel und warte. Vielleicht gehen sie wieder fort? Manchmal schlafe ich über diesem Gedanken ein.
Ich denke, daß ich keine Frau habe, keine Kinder, keinen Beruf, keine Arbeit, keine Beschäftigung, keine Tätigkeit, keinen Sinn sehe, keinen Zweck, kein Ziel, keine Aufgabe.
Also lebt ein Bäcker nützlicher, denn er backt Brot. Was tut er? Er schiebt dem Mörder zwei Pfund Mehl in den Rachen, ehe der über das Opfer herfällt.
Einzelfall?
Natürlich.
Aber das Opfer ist tot.

Sokrates

Er geht zum Gastmahl, setzt sich und schweigt. Er trinkt. Die Männer, welche bei ihm sind, reden, argumentieren, ereifern sich; sie trinken, und er schweigt. Der Wein gibt ihnen kühne, seltene, hervorragende Gedanken. Sokrates sieht ihnen zu. Er sieht, daß sie trinken, randalieren, krawallsüchtig werden oder stumm. Er trinkt und schweigt.
Endlich, nach durchzechter Nacht, geht die Sonne auf. Die Kumpane des Sokrates liegen auf der Erde und schlafen ihren Rausch aus. Er selbst trinkt seinen Becher leer, steht auf, geht zum Brunnen, wäscht sich und hält nun seinen Schülern eine Vorlesung über die Seele.

Wenn ich keine Kopfschmerzen habe, wird der Tag länger. Es ändert sich nichts dadurch. Ich denke länger nach, lese ein paar Sätze weiter und mache die Augen später zu.
Ist das so wichtig?
Manchmal sehe ich nach, ob Eleazar im Haus ist. Falls er da ist, denke ich: alles in Ordnung. Ist er fort, sage ich mir: auch gut.
Nun mache ich den Versuch einzuschlafen, zähle bis tausend, versuche, mich abzulenken, sage dem Kaiser meine Meinung oder streichle Kühe. Am besten ist, einen Gedanken stur weiterzudenken, zum Beispiel das Streicheln einer Kuh: die Hand hinhalten; abwarten, bis sie schleckt; die Stirn streicheln, die Augen, die Backen klopfen, den Unterkiefer kraulen . . . noch einmal: die Hand hinhalten; das Schlecken abwarten; die Stirn streicheln, die Backen klopfen, den Unterkiefer kraulen . . .
Irgendwann schläft man dann ein.
Übrigens haben meine Kopfschmerzen eine neue Methode: Wenn ich mir zwischen der linken oberen Stirnseite und dem Beginn des Nackens eine Linie denke, so sitzt ungefähr in der Mitte das schmerzende Zentrum. Sobald ich huste, zuckt es an dieser Stelle. Selbstverständlich hysterisch; aber es tut weh. Und die verfluchten Rationalisten, die dreist behaupten, darüber denke ein normaler Mensch eben nicht nach, sollen mich einmal lehren, wo der normale Mensch beginnt und wo er aufhört.
Werde, Pilatus, nur nicht normal. Du würdest nicht mehr gurgeln können, ohne dich zu verschlucken.

XXII

Ich habe mich ganz schön belogen. Was ich bisher über Claudia geschrieben habe, ist nicht wahr. Sobald ich etwas Mut finde, werde ich die Notizen vernichten. Ich habe sie nicht geliebt, sondern in den Tod gequält.
Ich nehme an, daß ich einen schwächlichen Eindruck mache, mein Körper ist nichts weniger als stabil; aber ich bin ein Perfektionist des Quälens.
Meine nachträgliche Wehleidigkeit ist schamlos. Jetzt, wo Claudia tot ist –

(Würmer im Leib. Verfaulte Haut. Lehmklumpen zwischen den Brüsten. Ohrenwürmer, Kriechtiere, Ratten. Eilige Ameisen und verirrte Mäuse. Junge Schlangen und schwarze, krabbelnde Käfer ...
... liebe Claudia)
Nein, ich habe sie nicht geliebt. Ich habe nie gedacht, daß sie vor mir sterben könnte.
Wenn sie jetzt zu mir käme, für einen Tag oder für eine Stunde, würde ich sie in den Arm nehmen, für einen Tag oder für eine Stunde festhalten und nichts sagen als: *Ich liebe dich*.
Jawohl, das würde ich tun, wirklich.
Wirklich ist aber nicht das, was man tun würde, sondern was man getan hat.
Was habe ich getan?
Hast du gut geschlafen? fragte sie.
Danke.
Schmeckt es dir?
Gut, jawohl.
Machst du dir Sorgen?
Frag nicht soviel.
Du siehst blaß aus.
Das kann doch vorkommen, oder? Warum sollte ich mir Sorgen machen, wie kommst du darauf?
Pause.
Ist es dir recht, wenn ich jetzt den Tisch abräume?
Ich gebe keine Antwort. Natürlich ist es mir recht. Immer diese sinnlosen Fragen; und warum? Damit überhaupt etwas gesagt wird. Jetzt sitzt sie da, sieht zu mir herüber, wartet darauf, daß ich den Mund aufmache, aber das fällt mir nicht ein. Auf eine solche Frage antworte ich nicht.
Nun räum doch schon ab, sage ich.
Sie tut's. Endlich.
Hast du noch einen Wunsch?
Nein. Keinen.
Es tut ihr leid, daß ich keinen Wunsch habe, das fühle ich. Ich lese Zeitung.
Sie weiß nicht, was sie tun soll; das weiß sie öfter nicht. Ihr stummes Dasein stört mich, aber ich sage nichts, ich beherrsche mich.
Ich bin dir wohl gleichgültig geworden? sagt sie.

Keine Antwort. Von mir nicht. Solche Sätze überhöre ich.
Pause.
Ich hatte, sagt sie, einen eigenartigen Traum.
In der Zeitung lese ich, daß der Kaiser nach wie vor auf seinem Gesetz gegen die Ehelosigkeit besteht. Ich glaube nicht an einen Erfolg dieser Aktion. Wer hat ihn wohl dabei beraten? A. vielleicht oder B. oder C. Die Ratgeber werden immer primitiver.
So? sage ich.
Ja, ich träumte, eine Eule sei zu mir gekommen, habe sich in den Sessel gesetzt, mich lange betrachtet und gesagt . . .
Wirklich, K. ist ein Dummkopf. Wenn schon die Sucht nach volkstümlicher Politik, denke ich, dann auch mit: Musik, Werbetrommel, Geschwätz und haarsträubenden Spruchweisheiten; dann bitte mit dem Slogan: *Auch du sollst einen Erdenbürger gebären* oder: *Kindersegen = Mutterfreuden.* Aber ein Gesetz, das jeden fünfundzwanzigjährigen Mann zwingen will, verheiratet zu sein: nein, denke ich –
Claudia sagt:
. . . jetzt wurde die Eule aufdringlich, kam auf mich zu . . .
So, sage ich, wirklich?
Sie sieht mich an.
Du hörst ja gar nicht zu, sagt sie.
Natürlich höre ich zu. Was soll das nun wieder?
Sie gibt keine Antwort. Aha, denke ich, nun ist sie gekränkt. Und warum?
Der Zeitungsartikel ärgert mich.
Mach nicht so ein Gesicht, sage ich.
Sie steht auf und geht hinaus. Das tut mir leid.
Warum, sage ich mir, bist du auch so grob? Immer dasselbe. Jetzt ist sie draußen, hält sich die Hände vors Gesicht und weint; stch jetzt auf, sage ich mir, und geh zu ihr.
Aber, das bringe ich nicht fertig. Ich möchte gut zu ihr sein, zu ihr gehen, ihr die Hand geben, doch ich bringe es nicht fertig. Warum immer ich?
Du stehst jetzt auf, sage ich mir, und gehst zu ihr. Also?
Ich tue es nicht. Vielleicht kommt sie von selbst wieder. Ich zähle jetzt bis . . . zehn, nein, bis fünfzehn zähle ich, und wenn sie dann noch nicht da ist, gehe ich zu ihr.
Eins, zwei, drei, vier.

Eigentlich kindisch. Ein ausgewachsener Mann sitzt da, zählt die Finger ab, um sich Mut zu machen und seiner Frau zu sagen:
»Was hast du denn?«
Aber so ist es eben immer. Immer soll ich es sein, der nachgibt. Ich habe ihr nichts getan, kein böses Wort gesagt, nichts. Da sollte sie einmal mit anderen Männern zu tun haben; die kommen betrunken nach Hause, randalieren, haben andre Weiber, verprügeln ihre Frau, nein wirklich, was ist denn eigentlich geschehen?
Ich nehme die Zeitung wieder und stelle fest, daß es unter meiner Würde ist, solche Lappalien zu registrieren. Ich habe andere Sorgen, wichtigere Dinge im Kopf, lächerlich. Bitte, sage ich mir, lies jetzt Zeitung und ignoriere den Vorfall.
Also?
Ich lese.
Ich lese Überschriften, Wörter, Sätze, Interpunktionen, Aussprüche, und nach einer Weile denke ich: Was eigentlich hast du denn bis jetzt gelesen?
Nichts. Ich habe Buchstaben aneinandergereiht und Wörter zusammengestellt.
Sie kommt tatsächlich nicht wieder, denke ich.
Vielleicht zähle ich nochmal bis zehn?
Gut.
Eins, zwei, drei, vier, fünf.
Und wenn ich bis zehn gezählt habe, was dann?
Dann gehe ich zu ihr und sage: »Claudia, bitte . . .«
Schon jetzt weiß ich aber, daß ich es nicht tun werde. »Bitte, Claudia . . .«, sage ich auf gar keinen Fall, dazu kenne ich mich zu gut. Ich kriege solche Wörter nicht heraus; wenn's drauf ankommt, sage ich etwas ganz anderes. Dann sage ich: »Du bist wohl eingeschnappt?« oder: »Bist du mal wieder gekränkt?« oder: »Was ist dir denn über die Leber gelaufen?«
Die Nachdenkerei macht mir Herzklopfen. Ich überlege, aus welchem Grund sie hinausgegangen ist, aber den Grund weiß ich nicht mehr. War überhaupt ein Grund da?
Das ist doch ein Wahnsinn, denke ich, daß man sich böse ist und nicht einmal weiß, warum.
Ganz ruhig, bitte. Ich stehe auf, will zu ihr gehen, doch da höre ich sie kommen. Ich bleibe stehen, mein linkes, besseres Ohr

halb zur Tür, und horche. Nichts. Ich habe mich verhört. Das hätte ich mir eigentlich denken können. Sie kommt nie, nie kommt sie. Oh, sie hat starke Nerven, das kenne ich.
Aber so hartnäckig wie du, denke ich, kann ich auch sein. Das wollen wir doch einmal sehen.
Ich mache mir Stimmung und pfeife. Ich weiß nicht, was ich pfeife, aber das wollen wir doch einmal sehen.
Gewiß, denke ich, sie hat es auch nicht leicht mit dir. Du bist manchmal schwierig, das ist wahr. Du hast deine Eigenheiten. Du bist fast taub. Du hast einen eignen Kopf. Alles richtig, denke ich. Du bist auch nicht aufheiternd. Die Leute sagen, du seist recht kompliziert. (Diese verfluchten Leute! Sie selber haben hunderttausend Gebrechen, die sie natürlich nicht kennen, aber über anderer Leute Gebrechen räsonieren sie. Sie sagen: »Pilatus ist kompliziert!« Bilden sie sich vielleicht ein, das wären sie für mich nicht? Glauben sie, für mich sei es einfach, sie zu begreifen? Für mich sind *sie* kompliziert. Schluß. Aus. Basta.)
Sie kommt wirklich nicht wieder.
Aber gut, nehmen wir an, ich sei all das, was die Leute von mir behaupten: wäre das denn ein Grund, einfach fortzugehen? Ist das, frage ich, ein Grund? Sie muß es ja wissen. Aber ich mache das nicht mit. Nein, wer die Tür zugemacht hat, der soll sie auch wieder öffnen. Das wollen wir doch mal sehen. Und Claudia? Was denkt sie jetzt? Denkt sie überhaupt darüber nach, oder ist es ihr gleichgültig? Das fehlte noch. Ich weiß mir nicht mehr zu helfen, und sie?
Vielleicht denkt sie, daß es schwierig sei, mit mir zu leben und daß ich mich ändern müsse.
Vielleicht kommt sie herein und sagt: »Du denkst immer nur an dich.«
»Du«, sage ich, »hast es gerade nötig. Ich bin . . .«
». . . du bist immer im Recht, ich weiß«, sagt sie.
»Willst du mich, bitte, ausreden lassen?«
Sie sieht mich an, und ich denke, daß ich ihre Augen noch nie richtig gesehen habe. Diese Augen hassen dich ja, denke ich.
»Jedenfalls weiß ich jetzt, woran ich bin«, sage ich.
»Ich auch.«
Das tut mir weh. Ich mache die Augen zu, drücke die Hände gegeneinander, rege mich noch mehr auf, bis ich denke: nun sei

mal einen Augenblick ruhig; noch ist sie ja nicht zurückgekommen; noch ist sie ja gar nicht da; wenn sie wiederkommt, denke ich, mußt du ein gutes Wort bereit haben, ein Wort, das sie versöhnt, das sie nicht mißverstehen kann.
Wie aber sieht so ein Wort aus?
Ich könnte nichts sagen als: »Claudia.«
Darauf könnte sie antworten: »Ach, du kennst meinen Vornamen noch?«
Und alles ist aus.
Ich könnte auch sagen: »Da bist du ja.«
»Ach«, würde sie antworten, »willst du wirklich behaupten, du hättest darauf gewartet?«
»Ja, das habe ich.«
»Und das soll ich glauben?«
»Es ist tatsächlich angebracht, hin und wieder anzunehmen, daß ich die Wahrheit sage.«
Aus.
Aber, fällt mir ein, sie ist ja immer noch nicht da.
Eins, zwei, drei, fünf, sieben, zehn. Also, geh jetzt zu ihr, sage ich mir, nimm dich zusammen.
Wenn sie nun fortgegangen ist? Aus dem Haus? Auf die Straße? Zum Tiber?
Sie wird sich doch nichts antun?
Ich rufe Eleazar und sage ihm, er solle meine Frau zu mir bitten.
Gewiß, sagt er.
Für solche Leute ist alles gewiß.
Es dauert mir zu lange, bis er zurückkommt. Was soll ich tun?
Ich zwinge mich, an den Kaiser zu denken, an Schlangengift, an die Perversitäten der Juden oder an Tiberius.
Als Eleazar zurückkommt, sagt er, die Herrin fühle sich nicht wohl, sie ließe sich entschuldigen.
Damit hätte ich eigentlich rechnen können. Ich ärgere mich über meine Dummheit. Ich will meine Wut an Eleazar auslassen, beherrsche mich aber.
Wieder allein. Und was nun?
Kopfschmerzen. Ich habe dich liebgehabt, Claudia.

XXIII

Weiter:
Ich habe sie geliebt. Mir schmeckte das Essen bei anderen Leuten nicht; wenn sie aus dem Hause war, konnte ich mich beim Lesen nicht konzentrieren; nachts wurde ich wach und fragte: »Bist du bei mir?«; sobald sie verreist war, wurde ich krank; ich habe sie geliebt.
Einmal kamen wir von einer Einladung nach Hause, und sie sagte:
Du hast mich den ganzen Abend nicht beachtet.
Wie? fragte ich.
Mit keinem Blick, mit keinem Wort.
Wieso denn? Wann?
Mit R. kannst du dich unterhalten, da hast du anscheinend immer Gesprächsstoff. Mit mir sitzt du oft stundenlang zusammen und weißt nicht, was du sagen sollst.
Ich verstehe dich nicht.
Nein, das soll wohl sein, aber eines laß dir gesagt sein . . .
. . . schon gut, sagte ich, du hast recht.
Mir geht es nicht darum, recht zu haben, aber wenn du nicht einmal merkst, wie sehr ich mich langweile . . .
. . . dann habe ich dich nicht mehr lieb, ich weiß.
Du gibst es sogar zu?
Du mußt mir nicht die Worte im Mund herumdrehen. Ich habe gesagt . . .
Ich drehe dir nicht die Worte im Mund herum, das verbitte ich mir. Das hat mir noch keiner gesagt. Nur du mußt das wieder einmal anbringen.
Ich bringe nichts an.
Doch.
Also bitte: wieso?
Unterziehst du mich einem Verhör? Was fällt dir eigentlich ein?
Mir fällt ein, dich zu fragen, wieso ich immer wieder etwas anbringe, was nicht stimmen soll. Ich bitte dich, diese Frage sowohl zu entschuldigen als auch zu beantworten.
So etwas habe ich noch nicht erlebt.
Dann erlebst du es eben jetzt.
Nun sind wir schon Jahre verheiratet, aber immer wieder muß

ich mir diese Auseinandersetzungen anhören.
Entschuldige, aber ich höre sie auch. Obwohl ich taub bin.
Dann sag doch etwas. Sag doch: komm, laß uns wieder gut sein.
Ich dachte nicht daran. Warum ich?
Sieh mich einmal an, sagte sie.
Ich dachte nicht daran.
Willst du nicht?
Jawohl, Centurio, sagte ich, wie es euch beliebt.
Sie sah mich an. Dir fehlt es an Güte, sagte sie, und daran werde ich mich nie gewöhnen. Nie werde ich das begreifen.
Also, dann begreifst du es eben nie. Und?
Daß es dir gleichgültig ist, weiß ich.
Mir ist allmählich alles gleichgültig, das kannst du mir glauben.
Oh, natürlich. Dir war es ja auch gleichgültig, wenn ich tagelang allein in Caesarea bleiben mußte.
Fängst du jetzt davon an? Geht das jetzt wieder los?
Davon fange ich an.
Bitte.
Schweigen.
Sitzt du noch lange so da?
Stört es dich vielleicht?
Schweigen.
Wenn ich nur etwas tun könnte, sagte sie, wenn ich irgendeinen Menschen hätte, zu dem ich jetzt gehen könnte.
Genau das habe ich erwartet.
Ja, meinst du vielleicht, mir machte ein solcher Abend Spaß?
Das meine ich durchaus nicht. Aber du scheinst anzunehmen, mir machte er Spaß.
Es scheint so.
Das verbitte ich mir.
Sieh einmal an. Du verbittest es dir. Und ich verbitte mir, daß du sagst, ich drehe alles herum.
Nein, du drehst nichts herum. Entschuldige. Du bist die leibhaftige Wahrheit, und das Schlimme ist, daß du selber daran glaubst.
Laß bitte deine Ironie.
Ob ich sie lasse oder nicht, ist wohl noch meine Angelegenheit. Wenn du es aber wünschst, bitte: dann sage ich eben gar nichts mehr.

Daran bin ich gewöhnt.
Nicht wahr? Man gewöhnt sich an alles. Man gewöhnt sich sogar an eine Frau, die von ihrem Mann behauptet, er sei ein Trinker.
Was hat das damit zu tun? Davon war ja gar nicht die Rede.
Ich darf es ja wohl sagen, oder hast du was dagegen?
Ich habe gegen nichts etwas.
Das ist rührend von dir.
Schweigen. (Eine Sekunde, eine Stunde, eine halbe Nacht, je nachdem.)
Einer fängt wieder an.
Ich könnte anfangen:
»Bist du stumm geworden?«
»Hältst du dich für gesprächig?«
Sie könnte anfangen:
»Ja, nun sitzt man hier herum.«
»Meinst du, ich säße nicht hier?«
Ist also ganz gleichgültig, wer anfängt. Ist auch gleichgültig, wer antwortet.
Und nun?
Wir schwiegen uns an.
Bis einer fragte:
Möchtest du etwas trinken?
Warum fragst du?
Weil ich dann aufstünde und etwas zu trinken holte.
Ach, wirklich?
Du brauchst gar nicht »Ach, wirklich?« zu sagen, ich würde dann aufstehen und etwas holen.
Das wäre aber das erste Mal.
Es wäre nicht das erste Mal, aber meinetwegen: ich würde dann zum ersten Male etwas zu trinken holen.
Möchtest du denn trinken?
Das, nicht wahr, spielt ja im Augenblick keine Rolle. Ich habe an dich, wie ich annehme, eine präzise Frage gestellt und hege die vielleicht aussichtslose Hoffnung, darauf eine halbwegs klare Antwort zu erhalten. Ich wiederhole meine Frage: Hast du Durst? Sie sah mich an. Ihre Augen waren entsetzt. Diesen Blick habe ich nie aushalten können.
Wie sachlich Männer sind, sagte sie.
Du hast recht. Wir Männer sind sachlich, obwohl *wir Männer*

eine Pauschalphrase ist, und also frage ich dich nicht, ob du etwas trinken möchtest.
Schweigen.
Bringst du es eigentlich nicht fertig, mir die Hand zu geben?
Ich gab keine Antwort darauf und sah vor mich hin.
Du kannst wirklich brutal sein.
Wie du willst.
Du stehst dir selber im Weg.
Einverstanden.
Kannst du eigentlich nicht anders?
Wie wünschst du mich?
Ich möchte, daß du meine Hand nimmst und mir sagst, du hättest mich lieb.
Eben das wünsche ich mir von dir.
Ich lehne es ab, immer derjenige zu sein, der einlenkt.
Ich auch.
Pause.
Also, sagt sie, ich gehe jetzt.
Bitte.
Sie stand auf und wartete auf ein Wort von mir. Aha, dachte ich.
Nun, sagte ich, du wolltest doch gehen?
Das scheint dir wohl recht zu sein?
Mir ist alles recht.
Sie ist tot. Ich liebe dich, Claudia. Ich bin allein. Ich habe niemanden. Ich habe dich gequält. Ich kann nicht mehr. Ich liebe dich. Ich möchte, daß du mir die Frühstückszeitung aus der Hand schlägst und mich anschreist. Dafür gäbe ich alles her, ein Auge, mein linkes Ohr, was du willst. Sie ist tot. Wer schläft wo? Wann stehen wir auf? Wo gehen wir heute hin? Willst du etwas trinken?
Du?
Ich schon.
Sie ist tot.

Zwei Stunden später

Der Tod des Nächsten ist eine Amputation am eigenen Leben. Jeden Tag werde ich neu amputiert. Manchmal fährt der ganze

Leib dahin und läßt mir nichts als den lauernden Schmerz über den Halswirbeln.
Jetzt?
Ich betrinke mich. Morgen habe ich Kopfschmerzen. Doch morgen sehen wir weiter.
Wohin? – Gleichgültig.
Es gibt nur ein Ziel in der Ehe: vor dem anderen zu sterben. Allerdings schwer.

XXIV

Ich wurde in Rom geboren. Über meine Eltern habe ich Grund zu schweigen.
Mein Vater war Advokat. Keine Geschwister.
Meine Ausbildung verlief, dem Anschein nach, normal. Ich war ein durchschnittlicher Schüler, allerdings ohne Bindung an Gleichaltrige. Von Kind an hatte ich den Hang, mir ältere Gefährten zu wählen. Ich bin Witwer.
Meine Frau ist verstorben.
Es fehlt mir an Kontakt zu Helden. Ich finde sie langweilig und zumeist dumm; sie sehen keine Probleme oder lügen sie hinweg. Ich halte es lieber mit den Gescheiterten. Sie sind heldisch aus Zwang und nicht aus Übermut.
Beruf: Gouverneur a. D.
Nicht überdurchschnittlich begabt. Fast taub.
Referenzen: mein Diener.
Materielle Situation: erträglich.
Spezielle Kenntnisse: Land und Leute des Vorderen Orients, Sprachen, Alkoholika.
Steckenpferde: Palästina, Juden, Katzen, Sokrates, der verstorbene Kaiser, religiöse Wahnvorstellungen. Darüber hinaus kenne ich die gesamte Methodik des Kopfschmerzes.
Gesamtergebnis:
Geeignet als Versuchsobjekt für Kopfschmerzen;
bedingt geeignet als neurotischer Typ mit spezieller Tendenz zu vegetativer Dystonie; ungeeignet als Mensch.
Frage:
Was tut man mit zwei Augen, zwei Armen, zwei Beinen, einem

tauben Ohr, einer Nase, einem Kopf und einem für meinen Begriff funktionierenden Gehirn?
Man lebt.
Wie aber macht man das mit dem Befund: ungeeignet als Mensch?
So:
Tief durchatmen, nicht genau hinsehen, das halbtaube Ohr zuhalten, drauflos leben, das Gehirn geradeaus, den Hintern zusammenkneifen, nach unten treten, nach oben buckeln, nach links schieben, nach rechts mitschieben, den Weg nach rückwärts offenhalten, nicht denken, nicht handeln, nicht sinnvoll husten, nicht zweckmäßig urinieren.
Man lebt natürlich.
Natürlich?

XXV

Ein Gespräch mit Barabbas

P.: Du warst Todeskandidat. Wie kam es dazu?
B.: Das weißt du selber.
P.: Ich will es aber von dir hören.
B.: Weil der Aufstand zum Laubhüttenfest scheiterte.
P.: Der Aufstand in der Stadt?
B.: Ja.
P.: Du bist ein Räuber, nicht wahr?
B.: Ich bin ein Lestes.
P.: Wer war der Anführer?
B.: Ich.
P.: Wo sind deine Kameraden?
B.: Zusammengestochen.
P.: Bliebst du nur übrig?
B.: Nein, ich und zwei andere.
P.: Warum?
B.: Das weißt du selber.
P.: Warum, will ich wissen.
B.: Weil die römischen Soldaten ihren Stolz befriedigen wollten.
P.: Du meinst, zur Abschreckung?

B.: Ich meine, zur äußeren Demonstration der römischen Ehre.
P.: Glaubst du das?
B.: Ja.
P.: Wurdest du verwundet?
B.: Nein.
P.: Deine Kameraden?
B.: Einer. Deine Soldaten pflegten ihn gesund und töteten ihn dann.
P.: Du meinst, sie schlugen ihn ans Rebellenkreuz?
B.: Das meine ich.
P.: Das Volk liebt dich, weil es dich für einen »Helden« hält?
B.: Die Freiheitspartei liebte mich.
P.: Ist sie nicht das Volk?
B.: Nur wenige lieben die Freiheit.
P.: Bei euch vielleicht. Jeder Römer ginge ohne Freiheit zugrunde.
B.: Weil es euch gutgeht.
P.: Uns geht es nicht von ungefähr gut. Wir haben uns Wohlstand und Freiheit erkämpft.
B.: Das war auch mein Ziel.
P.: Hast du es aufgegeben?
B.: Würde ich dir sonst antworten?
P.: Nicht du hast zu fragen.
B.: –
P.: Warum seid ihr gescheitert?
B.: Wir sind verraten worden.
P.: Wirklich?
B.: Ich lüge nicht.
P.: Als politischer Führer mußt du lügen. Mach mir nichts vor.
B.: Bist du ein politischer Führer?
P.: Hast du zu fragen oder ich?
B.: –
P.: Du kennst das Gesetz. Du weißt, daß an Passah ein Todeskandidat freizugeben ist. Warum hat das Volk dich gewählt?
B.: Das war geschickt von dir.
P.: Was?
B.: Dem Volk zu demonstrieren, wie weitherzig du bist.
P.: Ja, das bin ich.
B.: Ach so.

P.: Wie meinst du das?
B.: –
P.: Gib Antwort.
B.: Ich sage, daß du dadurch demonstriert hast, wie weitherzig du bist.
P.: Du glaubst wohl nicht daran?
B.: Das habe ich nicht gesagt.
P.: Sondern?
B.: Weißt du es nicht mehr?
P.: Also, du solltest am Rüsttag gekreuzigt werden?
B.: Jawohl.
P.: Weil wir dich und deine Genossen niedergekämpft hatten.
B.: Nein, nicht ihr.
P.: Sondern?
B.: Wir sind verraten worden.
P.: Gut. Was geschah weiter?
B.: Das Volk war empört. Das Gesetz verbietet am Rüsttag nicht nur Hinrichtungen, sondern sogar Gerichtsverhandlungen.
P.: Das Gesetz des Augustus. Aber jetzt ist Tiberius Kaiser, und der denkt anders darüber.
B.: Aha.
P.: Was meinst du damit?
B.: Nichts.
P.: Rede.
B.: –
P.: Hast du nicht verstanden?
B.: Denken die Römer immer wie ihr jeweiliger Kaiser?
P.: Der Kaiser ist nicht »jeweilig«.
B.: –
P.: Ich habe dir etwas gesagt.
B.: Jawohl.
P.: Und ich will dir antworten. Ich frage dich: habt ihr am Rüsttag Rücksicht genommen? Du und deine Freiheitspartei? Rücksicht auf euren Gott, auf das Gesetz, auf die römischen Soldaten?
B.: Wir wollten frei sein.
P.: Ich frage dich, ob ihr Rücksicht genommen habt?
B.: Nein.
P.: Hättet ihr an den folgenden Festtagen Ruhe gehalten?

B.: Wir machten keine Pläne.
P.: Ihr machtet keine Pläne?
B.: Keine auf lange Sicht.
P.: Ich wiederhole meine Frage: hättet ihr Ruhe gehalten?
B.: Das kann ich nicht sagen.
P.: Aha. Und wieviel Pilger kommen um die Passahzeit nach Rom?
B.: Viele.
P.: Nenne eine Zahl.
B.: Ein paar Hunderttausend.
P.: Gut. Wenn ihr nun euren Aufstand wiederholt hättet, was wäre geschehen?
B.: Wir waren zu wenig.
P.: Was wäre geschehen?
B.: Es hätte zu Kämpfen kommen können.
P.: Du formulierst es sehr vorsichtig.
B.: Das habe ich in römischen Kerkern gelernt.
P.: Du hast mit Recht im Kerker gesessen.
B.: Nach welchem Recht?
P.: Nach dem Gesetz. Und deshalb ...
B.: ... ans Kreuz mit uns, ich verstehe. Wir sollten für Rom winseln.
P.: Nicht für Rom, sondern für die gerechte Sache.
B.: Das ist zweierlei.
P.: Nicht für mich.
B.: –
P.: Ich sagte: nicht für mich.
B.: Ich höre es.
P.: Deine Antwort?
B.: Was ist die Frage?
P.: Wie kommt es, daß du Rebellion für eine gerechte Sache hältst? Weißt du nicht, daß sie Majestätsbeleidigung ist?
B.: Das weiß ich.
P.: Und?
B.: Bei Tiberius ist Majestätsbeleidigung, was bei Augustus verbrieftes Recht war. Wie soll ich mich da auskennen?
P.: Indem du die Gesetze liest.
B.: Das tue ich. Aber der Richter legt sie anders aus als ich.
P.: Meinst du mich damit?
B.: Nein.

P.: Sondern?
B.: Den Richter. Ganz allgemein, Herr.

XXVI

Aus den Gesprächen mit B.

P.: Wie bist du zur Freiheitspartei gekommen?
B.: Schon mein Vater war ein Lestes.
P.: Wo?
B.: In der Gegend von Arbela.
P.: Ist er gefallen?
B.: Ja, im Kampf gegen Herodes.
P.: Auf welche Art?
B.: Die Soldaten des Herodes ließen sich in Kästen die Felsen hinunter und räucherten die Höhlen aus.
P.: Herodes hat die Mehrzahl der Lestes ausgerottet, oder?
B.: Bis auf einige wenige.
P.: Wer ist der Gründer deiner Partei?
B.: Judas, ein Galiläer.
P.: Wann hat er gelebt?
B.: Kurz nach Archelaus.
P.: Er hat euch aufgehetzt, keine Kopfsteuer zu zahlen, nicht wahr?
B.: Er hat uns gelehrt, daß es Sünde wider Gott ist, den Gojim Steuern zu zahlen.
P.: Glaubst du daran?
B.: Daran glaube ich.
P.: Ihr hattet genug Parteien. Warum gründetet ihr eine vierte? Waren die Pharisäer euch nicht national genug? Worin unterscheidet ihr euch?
B.: Du weißt es ja.
P.: Beantworte meine Frage.
B.: Die Pharisäer sind Taktiker. Sie wollen so lange mit euch gehen, als sie glauben, euch nicht bezwingen zu können.
P.: Du hältst sie für feige, oder?
B.: –
P.: Du meinst, deine Partei sucht Strolche und Banditen, um Aufstand, Mord und Rebellion zu entfachen, und darin

unterscheidet ihr euch von den Pharisäern?

B.: –

P.: Bist du zu feige, zu antworten?

B.: Zwischen uns, Herr, gibt es weder Feigheit noch Mut.

P.: Sondern?

B.: Rede und Antwort.

P.: Wann wollten die Pharisäer losschlagen?

B.: Nachdem der Messias erschienen ist.

P.: Warum nicht früher?

B.: Weil sie euch für zu mächtig halten. Und weil sie sich allzugut der Gemetzel unter Pompejus, Sosius und Varus erinnern.

P.: Du nicht?

B.: Doch.

P.: Aber?

B.: Mir machte es nichts.

P.: Macht es dir jetzt etwas?

B.: Ja.

P.: Warum?

B.: Du glaubst ja nicht an den Messias, Herr. Ich möchte nicht darüber reden.

P.: Ihr habt in großem Umfang geplündert.

B.: Der Krieg ernährt sich selbst.

P.: Ihr habt Häuser angesteckt.

B.: Gegen die Verräter im eigenen Land.

P.: Ihr seid über wehrlose Personen hergefallen und hieltet sie gefangen.

B.: Wir brauchten sie, um sie gegen unsere Kameraden auszutauschen.

P.: Wieviel Bandengruppen habt ihr?

B.: Mehrere.

P.: Nenne eine Zahl.

B.: Ich bin kein Lestes mehr, Herr.

P.: Du wirst sie dennoch wissen.

B.: Nein.

P.: Soll ich dich züchtigen lassen?

B.: –

(Keine Bestrafung, da mir als »Gesprächspartner« nützlicher.)

P.: Während meiner Amtszeit hat es erst zwei Aufstände gegeben. An einem warst du beteiligt. Warum kommst du nun zu mir und bittest mich um Schutz? Hast du es nötig? Kann ich dir glauben?

B.: Die Lestes werden sich an mir rächen wollen. Ich verdanke ihnen mein Leben.

P.: Du hattest sie bestellt, damit sie dich freischrien, nicht wahr?

B.: Ich war ein Führer, Herr. Ich brauchte sie nicht zu bestellen. Sie kamen von selbst.

P.: Und jetzt?

B.: Seit damals ist alles anders. Er ist für mich gestorben. Ich kann nicht mehr.

P.: »Er«, das ist dieser Jesus?

B.: Der Messias, ja.

P.: Du glaubst an ihn?

B.: Das tue ich.

P.: Die Lestes halten dich nun für einen Verräter?

B.: Sie sagen, ich hätte sie getäuscht. Ich sollte auf der Hut sein.

P.: Hast du Angst?

B.: Nicht viel.

P.: Sie meinen, du seist ein Römerfreund geworden, und das ist dir nicht recht?

B.: –

P.: Ob dir das nicht recht ist?

B.: Sie verstehen mich nicht.

P.: Und ich? Kann ich dir trauen?

B.: Das ist deine Sache, Herr.

P.: Ihr habt nie jemanden gekreuzigt, oder?

B.: Nie.

P.: Aber den Kopf abgeschlagen.

B.: Doch vorher die Augen verbunden.

Gerade kam Eleazar und übergab mir eine Nachricht von Stephanio. Auf dem Zettel steht: *Hüte dich vor Eleazar. Er ist staatsfeindlich. Weiteres mündlich.*

Was soll das? Wer ist heute nicht staatsfeindlich? Was geht mich das an? Oder will Stephanio wieder Geld pumpen?

XXVII

P.: Du wußtest, daß ich dem Tempelschatz Gelder entnehmen wollte?
B.: Ja.
P.: Du hälst mich für einen Dieb?
B.: Nein.
P.: Warum gabst du das Zeichen zum Aufstand?
B.: Weil der Tempel geschändet werden sollte.
P.: Durch mich?
B.: Ja.
P.: Ich brauchte das Geld, um eine Wasserleitung bauen zu lassen, das weißt du sehr genau.
B.: Ja.
P.: Warum redest du also von Tempelschändung? Bin ich ein Gauner?
B.: Es ist Gottes Geld.
P.: Wirklich?
B.: Jawohl.
P.: Ihr seid darin sehr vernarrt, wie?
B.: Nein, wir glauben.
P.: Aus demselben Grund habt ihr gegen Sabinus losgeschlagen, ja?
B.: Aus diesem Grund.
P.: Und gegen Heliodorus.
B.: Ja.
P.: Du meinst, ich hätte gut daran getan, das zu beachten?
B.: Das meine ich nicht.
P.: Das meinst du nicht? Glaubst du im Ernst, mir hätte daran gelegen, beim Laubhüttenfest einen Aufstand zu entfachen? Wo Hunderttausende gegen mich sind? Hältst du mich für dumm?
B.: Nein.
P.: Was also wirfst du mir vor?
B.: Nichts.
P.: Hätte ich die Gelder nicht nehmen sollen?
B.: So, wie die Dinge lagen, konntest du es dir leisten.
P.: Und warum?
B.: Weil wir an dich verraten waren.
P.: Woher willst du das wissen?

B.: Ich »will es nicht wissen«, Herr, ich *weiß* es.
P.: Deine Antworten sind oft dreist, meinst du nicht?
B.: Nicht dreist, Herr, nur offen und wahrhaftig.
P.: Woraus schließt du auf Verrat?
B.: Wenn du mich zum Narren halten willst, Herr, dann antworte ich nicht mehr. Ich habe keine Angst vor der Züchtigung. Sie ist mir nichts Neues.
P.: Du meinst, ich hielte dich zum Narren?
B.: Ja.
P.: Wie kommst du darauf?
B.: Weil du unseren Angriffsplan besser kanntest als meine Leute.
P.: Ich kannte ihn. Du hast recht.
B.: –
P.: Du sagst nichts?
B.: Nein.
P.: Regt dich unsere Unterhaltung auf?
B.: Nein.
P.: Weil du, wie du meinst, den Messias gesehen hast?
B.: Deshalb.
P.: Kennst du die Verräter?
B.: Ich weiß, wo sie zu suchen sind.
P.: Nämlich?
B.: Ich kann keine Namen nennen.
P.: Du kennst keinen Namen?
B.: Keinen Namen, jawohl.
P.: Aber ihre Stellungen, ihre Ziele, ihre Partei?
B.: Die kenne ich.
P.: Also?
B.: Einige hohe Pharisäer und ein paar verängstigte Sadduzäer.
P.: Irrst du dich auch nicht?
B.: Das glaube ich kaum.
P.: Pharisäer und Sadduzäer stehen sich wie Hund und Katze. Und plötzlich machen sie gemeinsame Sache? Wie denkst du dir das?
B.: Der Zweck heiligt die Mittel.
P.: Welcher Zweck?
B.: Sie wollten ihr Geld, ihre Stellung, ihre Vorrechte, ihren Besitz und ihren opportunen Glauben. Sie wollten billige

Macht und schnöden Wohlstand.
P.: Und ihr?
B.: Die Freiheit.
P.: Welche?
B.: Es gibt nur eine.
P.: Wie sieht die aus?
B.: –
P.: Hast du nicht gehört?
B.: Doch.
P.: Antworte also.
B.: –
P.: Du bist zu feige, ihr einen Namen zu geben? Dann will ich sie dir beschreiben. Deine Freiheit will den Untergang Roms, den Tod meiner Soldaten, meinen Tod, den Tod meiner Frau, den Tod überhaupt. Sieht nicht so deine Freiheit aus?
B.: –
P.: Möchtest du mir gefälligst eine Antwort geben?
B.: Wir wollten die Freiheit des Menschen.
P.: Welches Menschen?
B.: Aller.
P.: Aber den Tod römischer Soldaten?
B.: Ja.
P.: Und das nennst du Freiheit?
B.: Jede Freiheit beginnt mit Totschlag.
P.: So? Wir schlagen niemanden grundlos tot.
B.: Auf jedem Hügel steht ein Kreuz.
P.: Das Kreuz eines Verbrechers.
B.: Nein, eines Freiheitskämpfers.
P.: Meinst du?
B.: Ja.
P.: Welche Freiheit wollten die Gekreuzigten?
B.: Wir drehen uns im Kreise, Herr.
P.: Ich weiß. Und ich will mich im Kreise drehen. Ich will sehen, wer das länger aushält.
B.: Du.
P.: Wieso?
B.: Weil du fragst. Du hast stets einen Vorsprung, und ich ziehe dann gleich; aber die letzte Frage, die ohne Antwort bleiben muß, gibt mir das Nachsehen. Vor dem vermeint-

lichen Ziel stellst du mir ein Bein, und ich liege am Boden.

P.: Du bist ein geschickter Operateur. Wo hast du das gelernt?

B.: Im Streit mit den Pharisäern.

P.: Weißt du, warum dein Plan schlecht war?

B.: Zum Aufstand?

P.: Ja.

B.: Nein.

P.: Weil du nach demselben System vorgehen wolltest wie einst die Aufständischen bei Sabinus. Schlachtpläne müssen neu sein, wenn sie Erfolg haben sollen.

B.: Den früheren Plan kannte ich nicht.

P.: Sieh an.

B.: Wirklich nicht.

P.: Aber ich kannte ihn.

B.: –

P.: Woraus du entnehmen kannst, wie wichtig Strategie ist.

B.: Wenn du den Verrat dazu rechnest, ja.

B.: Du hattest deine Leute an drei Punkten postiert?

B.: Ja.

P.: Um die Gouverneurstribüne in der unteren Burg, am Brandopferaltar und am Siloe?

B.: Richtig.

P.: Wo warst du selber?

B.: Am Altar.

P.: Warum nicht bei der Tribüne? Warum nicht in meiner Nähe?

B.: Die Leute dort waren weniger wichtig, sie trugen nicht einmal Waffen. Sie sollten, auf das verabredete Zeichen, bei dir wegen der Tempelgelder petitionieren und dann Lärm schlagen. Es waren Mitläufer, keine Lestes.

P.: Als ich nun das Signal gab, was dachtest du?

B.: Ich dachte an Verrat.

P.: Vorher hattest du nichts bemerkt?

B.: Ich sah jetzt die vorbereiteten Kletterseile auf den Säulenhallen.

P.: Deine Reaktion?

B.: Wut.

P.: Du hast nicht einmal gekämpft.

B.: Nein.

P.: Ihr habt euch einfach überrumpeln lassen.

B.: Verrat lähmt, Herr.
P.: Meine Soldaten haben das Schwert nicht gebraucht.
B.: Ich weiß.
P.: Weil ich es ihnen verboten hatte.
B.: So.
P.: Du findest wohl nichts Besonderes dabei?
B.: Nein.
P.: Bist du nicht der Meinung, es wäre ein leichtes gewesen, euch alle niederzumetzeln?
B.: Doch.
P.: Ich aber wollte kein Blutvergießen. Das scheint dir nicht zu imponieren.
B.: Es war klug von dir.
P.: Klug?
B.: Eine Masse Mensch in wilder, verzweifelter Wut ist unberechenbar.
P.: Sie wäre vernichtet worden.
B.: Gewiß. Und mancher römische Soldat.
P.: Damit hat ein Krieger zu rechnen.
B.: Du hast nicht allzu viele davon, Herr.

XXVIII

. . . .
. . . .* Auch komme ich nicht über das Unrecht meiner Abberufung hinweg. Ich war so lange gut, wie ich dem Imperium nützte. Es ist nicht wahr, daß der Kaiser die Forderungen der Juden für berechtigt gehalten hat. Wenn er das heute sagt, lügt er. Die Juden hatten alle Tage neue Forderungen. Über jeden Gouverneur beschwerten sie sich, und das nicht deshalb, weil ihnen der Gouverneur nicht paßte, sondern weil sie frei sein wollten. Beim kleinsten Anlaß machten sie Eingaben an den Kaiser, schickten Drohbriefe, und mit der Vertretung ihrer Interessen beauftragten sie einen der besten Anwälte Roms. Ich war auf mich allein gestellt, hatte weder echte Macht noch genügend Geldmittel, ein paar Mann Militär nur. Die Taktik des Kaisers war sehr einfach: er gab ihnen den kleinen Finger, versprach ihnen einen anderen Gou-

* Vom Pilatus unlesbar gemacht. N.

verneur, der besser sei, mit dem kämen sie zurecht. Was hat's geändert? Nichts. Als ich kam, war ich der »bessere«; als ich gehen mußte, war's V. Gebessert hat sich nichts. Auch er läßt ans Kreuz schlagen. Auch er braucht Geld, und, wie ich hörte, dreimal soviel wie ich. Warum also mußte ich gehen?
»Aus taktischen Gründen.«
Gerade darin aber liegt eine Gefahr. Die Juden wissen nun, daß sie den Gouverneur in ihrer Hand haben. Sie wissen: fünfzehn oder zwanzig Eingaben, und er ist reif.
Natürlich nutzen sie das aus. Wer will es ihnen verdenken? Folgende Situation: der Gouverneur kommt, um die Juden zu regieren, wie Rom es wünscht, und wenn er dann nicht so regiert, wie die Juden wollen, ruft Rom ihn zurück.
Das ist die ganze idiotische Taktik des Kaisers. Er ist unfähig, bis morgen zu denken.
Warum übrigens läßt er mich in Rom gewähren? Will er mich in seiner Nähe wissen? Weshalb schickt er mich nicht in die Verbannung? Kein Mensch kann ihn daran hindern, kaum einer würde ihm diese Maßnahme verargen. Eleazar erzählte, ein Freund habe ihm geraten, mich zu verlassen. Warum? habe er gefragt. Antwort: es sei besser, der letzte Sklave des Cassius zu sein als der erste des Pilatus. Und warum? fragte Eleazar. – Warum? Du bist ein Narr.
Manchmal fühle ich mich verdammt unwohl in meiner Haut. Hinzu kommt, daß ich durch meine Taubheit etwas mißtrauisch geworden bin. Ich bilde mir oft ein, die Leute sprächen von mir; ich sehe auf ihren Mund und versuche, die Wörter zu entziffern; sie sprechen von dir, denke ich; sie sagen: sieh dort, das ist Pilatus. Er ist in Ungnade gefallen.
Nachher erfahre ich, daß sie vom Wetter gesprochen haben.
Aber so lebt man heute. Später, wenn der Kaiser tot ist, wenn ich tot bin, Rom nicht mehr existiert (es kann nicht mehr lange existieren, weil es nur mehr folgende Sorgen kennt: gut essen, gut trinken, gut leben; Geld, Weiber, Sensationen, Zirkus) – später wird es einmal unglaubhaft erscheinen, daß in unserer Zeit jeder nur an sich gedacht hat. Das ist das einzig Interessante daran.
Eigentlich seltsam, daß man genau weiß: wenn du dreißig Jahre tot bist, wird sich niemand mehr an dich erinnern.

Stephanio kam. Er sagte:
Was schreibst du?
Memoiren.
Oh, ich würde sie gern lesen.
Nein, sie sind nur für mich.
Ich bin doch dein Freund.
Möglich. Aber ich will sie nicht hergeben.
Nun war er verärgert und ging. Kann ich's ändern?

XXIX

Entwurf

Liebe Claudia,
seit du tot bist, ist alles anders. Ich habe nie gewußt, was das ist: Alleinsein. Es ist so: aufwachen; umschalten auf den Tag; erster Gedanke: was ist? Zweiter: wo ist Barabbas? (noch ein Fetzen Traum); dritter: sie ist tot. Stöhnen. Stöhnend anfangen ist schwer. Der Morgentisch ist leer. Eleazar richtet ihn, aber das Brot riecht anders; er hat einen Geruch an den Händen, den ich nicht mag. Ich bin allein. Niemand spricht. Ich konzentriere mich auf die Zeitung, lese, und plötzlich höre ich ein Geräusch. Es ist jemand im Zimmer, denke ich, und bekomme Angst. Ich drehe den Kopf langsam zur Seite, um nachzusehen, ob jemand hinter mir steht: nein. Jetzt stehe ich auf und durchsuche das Zimmer; ich atme auf: doch, doch, denke ich, du bist allein. Ich vergewissere mich aber noch einmal, horche, lege mein Ohr an die Wand, klopfe den Fußboden ab, lausche wieder . . . nichts. Ich warte einen Augenblick, wende mich dann plötzlich um, weil ich wieder etwas gehört habe: ein leises Hochziehen der Nase oder ein unterdrücktes Husten. Ich habe mich geirrt. Seit du tot bist, irre ich mich immer. Ich höre nicht mehr. Ich verstehe nicht mehr. Ich gehe auf und ab, bleibe wieder stehen, horche, und plötzlich wird es unheimlich still. Ich bilde mir ein, es sei niemand mehr da außer mir. Niemand in ganz Rom, im ganzen Imperium, auf der ganzen Welt. Wieder Angst. Ich fasse mich an die Stirn, drücke die Falten so fest zusammen, daß es schmerzt, schüttle den Kopf, damit die Gedanken anders fallen; aber, denke ich,

du bist wirklich ganz allein. Das halte ich nicht mehr aus, schlage mit den Fäusten gegen die Wand und schreie: »Eleazar, Eleazar, Eleazar . . .«
Er kommt, sieht mich erstaunt an und fragt:
Ist etwas, Herr?
Es ist etwas, Claudia: du bist tot. Er sieht mich mit dummen, hilflosen Augen an, ich möchte ihn am liebsten anschreien oder prügeln, aber ich sage:
Es ist nichts, geh.
Er tut's. Er tut alles, was ich von ihm verlange. Wenn ich ihm sagte: »Häng dich auf«, würde er nicken und fragen: »Wo, Herr?«
Natürlich tue ich ihm Unrecht. Er weiß ja nichts. Er weiß nicht, daß ich allein bin. Auf der Straße sehe ich Gesichter, teils dumm, teils häßlich, teils arrogant, und ich denke: Claudia ist tot. Alle diese Gesichter für Claudia, denke ich. Vielleicht etwas pathetisch, aber ich denke so. Und dann fangen in irgendeiner Ecke des Gehirns die Gedanken an, ihr Hämmerchen zu schwingen und machen den Weg frei für meine Kopfschmerzen.
Ich will mich mit dir unterhalten.
Stell dir vor, Stephanio . . . Du entsinnst dich seiner doch? Du fandest ihn »unecht«, du sagtest . . . Das war im letzten Jahr vor meiner Berufung, du trugst die kleine Korallenkette, weißt du? Du hast sie später verloren, ich war verärgert darüber und . . .
Ich will mich konzentrieren, verzeih.
Ich wollte sagen: wenn Stephanio einen Mann zu spielen hat, der unter Kopfschmerzen leidet, was tut er? Er faßt sich an die Schläfen, an die Stirn, verzieht das Gesicht, schließt die Augen, stöhnt, reibt sich den Lacken, packt seine Haare, als wolle er sie ausziehen, stöhnt wieder, wischt sich den Schweiß ab, hält die Hände vors Gesicht, öffnet den Mund, stöhnt, schreit, läßt den Kopf fallen . . . und?
Alles Theater. Wenn ich Kopfschmerzen habe, setze ich mich hin und warte. Und tue gar nichts.
Entschuldige bitte. Ich wollte dir sagen, daß ich dich liebhabe. Ich sage immer etwas anderes. Denkst du an mich? Die Kopfschmerzen sind schlimmer geworden. Ich war nicht gut zu dir, das weiß ich; du mußt nicht denken, ich wolle es nicht zugeben.

Weißt du noch, als wir auf dem B.-Berg waren? Wir gingen bis zum Gipfel, sahen in den Himmel, in die Sonne, in unsre Augen, und in deine Augen kann ich stundenlang hineinsehen. Sie sind ganz tief, durchsichtig bis auf den Grund, und unten schwimmen Pflanzen und Farben, und je länger ich hineinsehe, desto schwerer wird es mir; ich kann das nicht mehr aushalten. Ich muß die Augen zumachen, nun ist es dunkel, unter den Lidern wird es mir heiß, ganz weich, ganz . . . Nein, das will ich nicht wahrhaben, ich darf doch nicht weinen, wo kämen wir hin, wenn Männer das Heulen anfangen; ich schlucke, lache, mache die Augen wieder auf, damit die Tränen sich zurückziehen, sage: »Na, du altes Trampeltier?« oder: »Übrigens soll ich dich vom Kaiser grüßen«, lache immer mehr, sehe deine Augen wieder, *aber das darf ich eben nicht*, je lieber ich dich habe, desto tiefer lassen sie mich hineinschauen; der Grund schwimmt weg, die Pflanzen, die Farben, ich sehe hinein, tiefer, noch tiefer: und dann siehst du meine Tränen doch, und du sagst: »Aber, was hast du denn?« Was ich habe? Ich habe dich lieb, verstehst du? Und ich sage: »Was ich habe? Wie kann man nur so dumm fragen? Nichts habe ich. Ich bin ein Idiot, verstehst du? Und Tränen gibt's überhaupt nicht.« – »Aber warum weinst du denn? Warum bist du denn traurig?« – »Traurig? Wer ist traurig?« – »Hast du mich denn lieb?« – »Ha«, sage ich und schlucke so viel Tränen hinunter als ich kann, »lieb? Dich liebhaben? Wo denkst du hin? Wie kommst du darauf? Dich kann man doch nicht liebhaben . . .« Jetzt du: »Laß mich los« – »Aber nein«, sage ich, »ich laß dich nicht los.« – »Aber«, meinst du, »du hast mich doch nicht lieb.« Nein, das habe ich nicht, aber . . .

Ich küßte dich, und es war warm, wir waren allein, sahen den Himmel, Rom und alle Menschen waren Jahrhunderte weit fort, ich küßte dich, und du sagtest: »Magst du meine Haut?«, und ich lachte. »Bist du froh?«, und ich nickte. Und wieder kamen Tränen, und nun weintest du, und ich fragte: »Warum weinst du?« Ich sah deine Tränen, deine Haut; meine Hände wollen sie berühren, aber sie wandern einen Lufthauch über dich hinweg; so nah werde ich nie mehr bei dir sein, denke ich, nun ist auch das gelebt. Komm zurück, denke ich, komm zurück. Und du fragtest: »Woran denkst du?« – »Ach, an nichts.« – »Liebst du mich?« – »Ja.« – »Ist es schön?« – »Ja.«

– »Bin ich gut zu dir?« – »Ja.« – »Da sind ja immer noch Tränen?« – »Ich mag dich eben.« – »Ich auch.«
Ich sehe deine Haut, winzige Poren und die Sonne darauf. Die Haut auf deinem Hals wird in der Sonne dünner, und die Haut auf deiner Brust atmet auf. Endlich Sonne, denkt sie. Ich möchte sie streicheln, aber sie ist zu schade dafür. Ich möchte sie nur ansehen, verstehst du?

Tot. Ich habe es ihr nie gesagt. Nie gesagt, wie lieb ich sie hatte. Sie ist kalt, tot, kann nicht mehr weinen. Sie hört mich nicht, ich bin ein Narr. Schreibe für die Katz. Oder in den Wind. Ich liebe dich. Ich will mich betrinken. Oder vergiften? Eleazar, bring mir Gift. Oder ein Messer. Ich liebe dich. Oder ein Kreuz. Und schlage mich an.
Jawohl, Herr.

XXX

Für Heilpraktiker wäre ich ein ideales Objekt. Es wäre natürlich nicht ihre Aufgabe, meine Ohren zu heilen; ich lebe taub sehr gut. Sie hätten mir andere Gedanken zu geben.
Das aber können sie nicht.
Sie können es deshalb nicht, weil sie unfähig sind, Gedanken zu behandeln. Sie sagen mir: deine Gedanken *sind* eben krank. Ich sage: ihre Gedanken sind krank, und sie merken es nicht einmal. Noch mehr: sie halten ihr Allerweltsgehirn für den Nabel der Welt.
Kopfschmerzen? fragen sie. Nimm A-, B-, C-, P-, O-Kraut, das hilft.
Es hilft nie und nimmer.

XXXI

Wenn ich für eine Stunde göttliche Macht hätte, würde ich:
1.) Jedem Menschen zehntausend Worte geben. Wenn er sie gesprochen hätte, müßte er sterben.
2.) Das Machtgefühl abschaffen. Es existierte nicht.
3.) Zehn Prozent aller Tiere ungeschaffen machen, zum Bei-

spiel Katzen. Ich wollte nicht, daß sie abhängig werden können.
4.) Die Sklaven tierischer machen oder herrisch.
5.) Jeden zwingen, rückwärts zu leben. Also nicht: nun lebe ich, was fange ich damit an? sondern: nun muß ich sterben, was habe ich getan?
6.) Die Zeugung nicht als Genuß empfinden lassen. Sie wäre ein Akt geistiger Einsicht.
7.) Die Lüge anders determinieren. Lüge wäre: einem die Hand geben und dabei Widerwillen empfinden.
8.) Den Menschen als Floh empfinden. Gehopse.
9.) Schmerz und Lust weher machen.
10.) Weniger die Lust und mehr die Freude walten lassen.
11.) Bestreiten, daß es Götter gibt, um sie zu beweisen.
12.) Jedes Gehör auf *meine* Aufnahmefähigkeit abstellen. Also: dreimal fragen müssen, was gemeint ist.
13.) Kreuze herstellen und alle die daran festnageln, die nicht reden, um etwas zu sagen (Kaiser).
14.) Den Sexus sich regen lassen bei: schön, gut, lieb; nicht bei nackt.
15.) *Die* Löwen zwingen, sich zähmen zu lassen.
16.) *Dem* Löwen verbieten, zahm zu werden.
17.) Mehr Kopfschmerzen verteilen, damit die Leute merken, wo's weh tun kann.
18.) Mit viel Ruhm viel Schmerz verbinden.
19.) Sokrates anbeten, obwohl ich ein Gott wäre.
20.) Die Pronomina wer, wann, wo abschaffen. Erlaubt nur: wie und warum.
21.) Die Nächte schwärzer machen.
22.) Meine Frau aufwecken.

Fabel

Ein Mensch sieht einen Löwen und geht auf ihn zu, um ihn zu streicheln. Der Löwe schlägt ihn besinnungslos. Als der Mensch erwacht, sagt er:
Ich wollte dich doch nur streicheln.
Entschuldige, sagt der Löwe, leckt dem Menschen die Hände und läßt ihn verbluten.

Mir fehlen drei Blätter. Alles abgesucht, ich kann sie nicht mehr finden.
Es kommen nur zwei als Diebe in Betracht: Eleazar und Stephanio. Und Eleazar vertraue ich.

XXXII

Eleazar gestellt:
Wo warst du?
Bei den Gräbern.
Mitten in der Nacht?
Ja.
Was hast du dort zu suchen?
Nichts.
Du lügst mich an.
Ich lüge nicht, Herr.
Es ist Nacht, du verläßt das Haus, gehst zu den Gräbern und tust dort nichts?
Jawohl.
Dann bist du ein bißchen verrückt, nicht wahr?
Nein, Herr.
Ich wünsche jetzt eine klare Antwort. Was hast du dort zu suchen?
Nichts, Herr.
Mußt du eigentlich immer »Jawohl, Herr« oder »Nein, Herr« oder »Nichts, Herr« sagen?
Ja, Herr.
Nun hör mal zu, mein Freund: ich habe eine vertrauliche Mitteilung erhalten, und darin heißt es, du beteiligtest dich an staatsfeindlichen Umtrieben. Was hast du darauf zu antworten?
Nichts, Herr.
Stimmt das?
Nein.
Sondern?
–
Willst du wohl antworten?
Er zögerte, sah mich an, wand sich um die Antwort herum, bis er sagte:

Herr, ich muß erst fragen, ob ich sprechen darf. Ich komme sofort zurück.
Spricht es und verschwindet.
Heutzutage kommandieren die Sklaven den Chef. Interessant dabei ist, daß sie nur zwei Dinge wirklich können: tyrannisieren und gehorchen. Aber selbst mit ihrem Gehorsam tyrannisieren sie.

Und was war?
Eleazar hat eine »Entdeckung« gemacht, die ebenso kühn wie verrückt ist:
Es gibt einen Gott, und der hatte einen Sohn. Dieser Sohn mußte sterben, weil sein Vater es so haben wollte und weil die Menschen schlecht sind. Der Gottessohn war ein Jude, der gekreuzigt wurde, und nicht nur das: er ist während meiner Amtszeit gekreuzigt worden, und niemand hat diesen »Gott« erkannt.
Soweit mein Diener.
Diener?
Die Leute vertragen keine faire Behandlung. So sieht die Sache aus.
Und die Wahnidee vom Messias hat ihren Einzug in Rom gehalten. Wir bleiben wahrlich von nichts verschont.

XXXIII

Traum

Ich hatte einen riesigen Kopf. Ich bin auf der Straße. Die Leute gehen an mir vorbei, ich beobachte sie sehr genau, denn ich denke: *Sie müssen doch sehen, daß du einen riesigen Kopf hast.* Sie scheinen es aber nicht zu bemerken. Sie gehen an mir vorbei, unterhalten sich, ich bin nichts Besonderes für sie. Ich denke: vielleicht irrst du dich? Vielleicht ist dein Kopf normal? Natürlich irrst du dich. Ich gehe in eine Nebengasse, stelle mich in eine Hausnische und will meinen Kopf anfühlen. In diesem Augenblick kommt ein junger Mann vorbei, sieht mich, stutzt, bleibt stehen, betrachtet mich; was will der Kerl von dir? denke ich, doch da geht er weiter und tut so, als sei nichts gewesen. Ich traue ihm aber nicht. Ich bin sicher, daß er meinen riesigen Kopf bemerkt hat. Ich weiß nicht, was ich tun soll; es ist mir peinlich, diesen Kopf zu haben. Die Adern auf meiner Stirn sind fingerdick, mein Blut läuft hindurch, schlägt gegen die blauen Aderwände, läßt sie anschwellen, und ich denke: was mögen nur die Leute von dir halten? Ich stehe im Halbdunkel der Hausnische, sehe mich wieder um, und als ich mich für einen Augenblick unbeobachtet fühle, will ich schnell die Hände hochnehmen, um meinen Kopf abzumessen: sofort ist der junge Mann wieder da, diesmal auf der anderen Straßenseite. Er hat die Hände in den Taschen, tut gelangweilt, pfeift ein albernes Liedchen und geht langsam auf und ab; aber ich bin ja nicht dumm, ich sehe genau, daß er mich beobachtet. Was will der Bursche bloß von mir? Ich kann doch nichts dafür, daß ich plötzlich einen Riesenkopf habe, mir selber sehr peinlich. Er pfeift, geht auf und ab und schielt zu mir herüber. Das beste ist, denke ich, wenn du dir überhaupt nichts anmerken läßt, wenn du ganz harmlos tust. Ich trete einen Schritt vor, so daß er mich besser sehen kann, halte die Hand ans Kinn, sehe in den Himmel und stelle mich ganz so, als sei ich mit mir und meinen Gedanken beschäftigt; dabei behalte ich ihn im Auge und sehe plötzlich, daß er grinst. Nicht über meinen Kopf, nein: er hat meine Theaterspielerei durchschaut, dessen bin ich sicher. Auf einmal höre ich seine Gedanken. Er denkt: du blöder, alter Kerl, meinst du, ich durchschaute dich nicht? Ich verschwinde wieder in der Nische. Mein Kopf ist riesig und schwillt immer noch mehr an, er wird mir zu schwer; ich lehne ihn an die Hauswand, das Blut tickt dagegen, und die Stirn federt leicht zurück. Ich fühle mich elend. Jetzt höre ich Schritte. Ich bin zu bange, die Augen zu öffnen. Ich höre die Schritte, und das Blut tickt schneller. Ich mache die Augen einen kleinen Spalt weit auf; auf der Straße, schräg unter meinen Augen, sehe ich Füße. Sie kommen auf mich zu, die Zehen viel zu weit nach oben, die Fersen ganz langsam aufsetzend; sie schleichen mich an. Mein Kopf brennt. Ich kann mich nicht bewegen. Sehe die Füße. Sie kommen. Schleichen. Nah. Näher. Ich will schreien, um Hilfe rufen, um mich schlagen, den Kopf an die Wand stoßen; aber ich bin gelähmt, es geht nicht. Die Füße sind jetzt bei mir, unmittelbar unter meinen Augen, ich spüre einen Atem im Nacken, ich schreie: »Was willst du?« – Der junge Mann steht vor mir, sein Gesicht ist nur eine halbe Handbreit von meinen Augen entfernt, er grinst mich an und sagt: »Bitte eine kleine Spende . . .«

Ich erwache, schwitze am ganzen Körper, habe noch immer Angst, richte mich auf, blicke mich um, fasse nach Claudia, begreife, daß sie tot ist und denke: du hast geträumt, reg dich nicht auf, schlaf wieder ein. Ich wische mir den Schweiß von der Stirn, reibe mir die Traumbilder aus den Augen, und auf einmal merke ich: sieh an, dein Kopf ist ja ganz normal, nicht zu groß, nicht zu klein, wie gewöhnlich. Das freut mich, ich atme auf, denke: was soll der Blödsinn? Und schlafe nicht mehr ein.

XXXIV

Informationsgespräch bei Cassius

Das war nun wirklich eine Abwechslung. Allerdings keine, die man wiederholen möchte.
»Informationsgespräch«, wie der Fachausdruck lautet, ist allerdings kein Gespräch, bei dem man sich gegenseitig informiert. Man fragt sich dabei aus und macht sich etwas vor.
Die Nachricht von Cassius lautete so, daß er »seinen Freund Pilatus« gern einmal sprechen möchte, und wenn auch ich das »Bedürfnis zu einem Gedankenaustausch rein informatorischen Charakters« hätte, würde er sich darüber freuen.
Ich hatte zwar nicht das Bedürfnis, aber ich ging hin.
Es gibt Leute, die haben einen Buckel, und man denkt: eigentlich schade, daß gerade der einen Buckel hat. Andere schielen, und man fragt sich: warum ausgerechnet die? Wieder einer ist blöde, und man meint: der hat es nicht verdient.
Bei Cassius fragt, denkt und meint man nichts. Er ist ohne alle Originalität. Er wird von allen geliebt. Wenn er sich dem Volke zeigt, lächelt er, hält die Hände vorm Bauch gefaltet: ist er nicht ein lieber Mensch? Natürlich kennt das Volk ihn nicht; es weiß nicht, daß er ziemlich dumm ist, überaus ehrgeizig und eitel; Getränke kann er nur danach beurteilen, ob sie schnell oder langsam zum Rausch führen (was bei ihm brüllen, lallen,

schlafen, im Vorstadium schweinigeln bedeutet), aber was macht das schon? Von Zeit zu Zeit läßt er die Nachricht verbreiten, daß er einem Sklaven soundsoviel Geld geschenkt hat, seinen Lieblingshund betrauert oder sich eine Stunde lang mit einem Hirtenkind unterhalten hat; und das, obwohl er doch »besseres zu tun« hätte.

Irrtum. Er hat gar nichts Besseres zu tun. Wenn er *kein* Geld verschenkte, *nicht* um seinen Hund trauerte, *nicht* den Kopf eines Hirtenjungen streichelte: was gefälligst sollte er überhaupt tun? Natürlich tut er das alles nicht zum Spaß, seine Absicht: populär bleiben. Das bringt ihm Geld ein, Macht, Ruhm, Liebe, Gunst. Und wie soll er anders populär bleiben als dadurch, daß er Sklaven beschenkt, Hunde streichelt und mit Kindern spricht? Wer weiß schon, daß seine Frau ihm gleichgültig ist? Daß er sie betrügt, Daß er, sobald er betrunken ist, alles zusammenschlägt? Das Volk? Cassius versteht sein Handwerk; von ihm bezahlte Agenten erzählen in ganz Rom, was für ein guter und kluger Mensch er ist, und der Versuch, dem zu widersprechen, müßte erst noch gemacht werden.

Er ist der Prototyp unseres Staates. Seine Reden sind nicht dumm, und das deshalb weil sie nicht von ihm sind. Der Sklave, der sie entwirft, hat darüber zu schweigen; das tut er auch, denn weil er schweigt, geht es ihm gut; er verdient viel und darf mit Frau Cassius ungestraft ein Verhältnis pflegen. Cassius fährt alle paar Monate in ein Absteigequartier nach Sirmio, um sich dort, wie unsre treu redigierte Zeitung weiß, von seinen Sorgen um das römische Imperium zu erholen. Frau Cassius hält den Mund dazu, denn sie ist klug genug, nichts gegen ihren Mann zu unternehmen; was hätte sie davon? Der Kaiser würde das übel vermerken; niemand ihr glauben; Beischlaf mit einer Dirne ist nach dem Gesetz kein Ehebruch; zwar hat sie einen Mann, den sie nicht liebt, ist das aber so wichtig? Sie hat Schmuck, Geld, Ansehen, einen Geliebten, Diener, einen Palast. Was wäre sie ohne das? Ein Weib (nicht viel heute); oder gebrandmarkt oder ausgestoßen oder geächtet oder am Verhungern. Oder, oder, oder . . .

Sie bleibt also, auch wenn sie dabei lügen muß. Auch er bleibt, und auch er lügt. Sie spielen ihr schnödes Leben, lügen sich von Fest zu Fest durch die Jahre, werden geschätzt und gefeiert, und wenn sie ihre plumpen Augen für immer zumachen müssen, kommen sie nicht einmal auf den Gedanken, warum sie eigentlich so und nicht anders gewesen sind. Auf diese Frage würden sie antworten: aber so ist doch das Leben, oder? Und auf die präzise Frage: hast du denn nicht das Schauspiel gesehen, in dem ein dreizehnjähriger Knabe von einem Löwen zerrissen wurde? würden sie erwidern: doch, war es nicht schön? Wir alle haben den Jungen bewundert, nachher noch auf ihn getrunken, der Kaiser hat sich ja köstlich amüsiert, in dieser Nacht trug ich zum ersten Male den großen Goldreif und lernte F. kennen – es war doch alles sehr schön, was willst du eigentlich?

Ich? Nichts. Ich bin ein mißratener Gouverneur, der froh ist, wenn er sein Leben einigermaßen zu Ende bringt. Ihr habt ganz recht. Was will ich eigentlich? Mehr Gedanken? Mehr Kopfschmerzen? Natürlich haltet ihr mich für saudumm, weil ich es nicht verstanden habe, aus meiner Gouverneurszeit Geld zu machen. Ihr denkt: da hatte der Kerl jahrelang die Möglichkeit, sich gesundzustoßen, saß an der Quelle, brauchte nur das Maul aufzutun und war zu blöd, diese Chance zu nutzen.

Ich bin aber nicht blöd. Ich dachte nur anders darüber. Ich dachte: wenn du kein Geld aus deiner Position machst, kein Schindluder treibst, dann bist du ein guter Gouverneur und hast alle Aussicht, lange in diesem Amt zu bleiben.

Heute würde ich sagen: stiehl, raube, plündere, bereichere dich! Beute sie aus, das ist genau richtig! Denn wer wagt es, gegen einen Mann vorzugehen, der stiehlt, raubt, plündert und sich schamlos bereichert? Je dreister man selber verfährt, desto feiger werden die Gegner. Mit Mut hat das nichts zu tun. Zum verstoßenen Gouverneur gehört mehr Mut als zum gefeierten Cassius. Als Scharlatan zu gelten, ohne es zu sein, ist eine Tat; als Kaiser zu fungieren, ohne es zu sein, ist ein Zustand. Das verrückte Lachen eines Irren auf dem Abnormitätenmarkt ändert die Welt mehr als ein Vierhundert-Sklaven-Haushalt; und wer sich, da ihm nichts Besseres einfällt, hinsetzt und sich Gedanken macht, tut mehr als ein tatendurstiger Tölpel, der Staatsfeinde sät. Ein Staat hat immer Feinde, und er ist dann in Ordnung, wenn er sie fördert. Wenn er sie nämlich verfolgt, werden die Feinde sich zusammenschließen und alsbald zu einer realen Macht werden.

Ich bin trotz allem ruhig. Es ist Nacht, Rom ist genauso taub wie meine Ohren. Es regnet. Wieder bin ich allein. Obwohl ich Eleazar ausdrücklich angewiesen habe, seine nächtlichen Extravaganzen zu unterlassen und den Unfug mit den Christen einzustellen, ist er nicht zu Hause. Seine Dreistigkeit macht mich stutzig. Er wußte, daß ich erst spät zurückkommen würde und sein Fortgehen bemerken mußte. Aber er geht. Er weiß eben, daß ich machtlos bin, weiß, daß ich ihn nicht schlage, und schon deshalb setze ich mich ihm gegenüber ins Unrecht; Sklaven wollen geschlagen sein. Er weiß, daß ich ihn, aller Voraussicht nach, auch nicht hinauswerfe: dafür habe ich mich zu sehr an ihn gewöhnt. Wer ist nun in Wahrheit der Sklave: er oder ich?

Ich werde das aber nicht mitmachen. Ob's nun klug ist oder nicht, ich will mich nicht von ihm trennen.

Dabei kann ich die Messiassucht der Leute verstehen. Sie wissen nicht mehr, woran sie glauben sollen. Wer noch an die Götter glaubt, wird krank, wird arm, wird verhöhnt, stirbt, verliert seine Stellung, wird degradiert und für dumm verkauft; er hat bei allem, was er tut, ein schlechtes Gewissen, versucht anständig zu sein und fällt dabei nach jedem zweiten Schritt auf die Nase, hat Angst vor Betrug, Korruption, Lüge, Gaunerei; begeht keinen Ehebruch (was seine Frau für Schwäche hält); ist als Heuchler verschrien, als Fanatiker, als vorgestrig; wird verlacht, weil die Welt ohnehin bald pleite macht und es dann verflucht gleichgültig ist, ob einer gut oder schlecht mit den Göttern stand; er wird bemitleidet, weil er so naiv ist, die Götter ernst zu nehmen; er macht sich das Leben selbst zur Qual, sieht nicht ein, daß der größte Gott unser lieber Kaiser ist (ein Gott allerdings, der viel schwätzt), und wenn er trotzdem entschlossen ist, das alles in Kauf zu nehmen, kommt ein erstbester Tempeldiener und erklärt ihm, er benähme sich dennoch schlecht. Und das macht ihn irre.

Die »Klügeren« haben schon neue Götter. Sie glauben an den Kaiser, den Zirkushelden, einen Schauspieler oder einen Advokaten.

Das sind schnellebige Götter.

Die anderen schreiben die Götter ganz ab. Sie sagen, Götter seien Scharlatane, und aus dieser Einsicht machen sie fleißig Sesterzen.

Am besten ist es heutzutage, fleißig Sesterzen zu machen und nach außen hin trotzdem an die Götter zu glauben. Je mehr Geld, desto strammer das Rückgrat in Ehrfurcht vor den Göttern.
Schweine!
Ergebnis: Messiassucht.
Mir ein wenig zu einfach. Wir müßten versuchen, selber aus dem Dreck herauszufinden. Aber dazu sind wir zu erbärmlich.
Seltsam, daß mich die Unterredung mit Cassius nicht mehr aufregt. Ich war kaum bei ihm, als er mir die drei Blätter mit meinen Aufzeichnungen zurückgab. Er sagte:
Sei etwas vorsichtiger, Pilatus.
Ich wußte nicht, was das bedeuten sollte. Ich nahm die Blätter, sah sie an, erkannte meine Schrift, aber ich sagte nur:
Was ist das?
Hast du es nicht geschrieben?
Ich überlegte. Es wäre sinnlos gewesen, ihn zu belügen. Doch, sagte ich, das sind Aufzeichnungen von mir.
Nun, so nimm sie wieder an dich.
Ich steckte sie ein. Ich wußte nicht mehr, was sie enthielten, doch ahnte ich, daß die Situation mehr als gefährlich war.
Vertraust du mir nun? fragte Cassius.
Wieso *nun?* Habe ich dir je mißtraut?
Nein, das wollte ich damit nicht sagen. Versteh mich recht, ich wollte dir nur einen Vertrauensbeweis liefern.
(Liefern? dachte ich.)
Eine kleine Geste, nichts weiter. Du sollst nur wissen, daß ich es gut mit dir meine, Pilatus.
Wohin läuft der Hase? dachte ich. Mir war klar, daß er etwas von mir wollte, aber was?
Du hast die Blätter natürlich von Stephanio, sagte ich.
Wie meinst du das?
Was ist da zu meinen? Ich sage, Stephanio hat sie dir gegeben, stimmt es nicht?
Wie kommst du darauf?
Nur so.
Er schwieg, und das genügte mir. Er trank mir zu, rückte näher an mich heran und redete auf mich ein. Seine Stimme war so leise, daß ich ihn nur schlecht verstand; die Lippen prall,

fleischig, von Spucke glatt; ich versuchte, die Wörter vom Mund abzulesen, aber bei solchen Lippen ist das schwierig. Ob ich wisse, daß Stephanio ein Geheimagent sei?
Natürlich wußte ich es nicht. Auf solche Berufe verfalle ich nicht, sie existieren nicht in meinem Kopf. Ich erwiderte jedoch, davon hätte ich schon gehört, schon einmal hätte mich jemand vor Stephanio gewarnt.
Er sah mich ein wenig skeptisch an, trank mir zu, setzte sein klügstes Gesicht auf und sagte, ich solle vor Stephanio auf der Hut sein; er, Cassius, meine es wirklich gut mit mir, das wisse ich doch, und es täte ihm von ganzem Herzen leid, daß ein Mann wie ich brachliege, vom Kaiser verkannt und von Geheimagenten bespitzelt würde; gut möglich, daß er selber als ein treuer Diener des Imperiums gelte, doch im Innern seines Herzens sei er ein ganz anderer, das könne ich ihm glauben; er sei ein Freund aller freien Geister, ein Freund von Wahrheit und Wahrhaftigkeit; in seiner Situation aber bleibe ihm keine andere Möglichkeit, wir alle lebten gefährlich, die scheinbar Mächtigen viel gefährlicher als die Mitläufer, und ich könne mir nicht vorstellen, was er durchzustehen habe. Davon mache sich überhaupt keiner einen Begriff, er sei ein bedauernswertes Geschöpf, mit seinem Herzen bei den Armen und Verfolgten, aber was könne er schon tun? Er sei schließlich auch nur ein kleines Glied in der Kette, nichts weiter; wenn er regierte, würde alles anders, das könne ich ihm glauben.
Er sah mich an, und ich nickte. Ich glaubte ihm kein Wort, aber ich nickte ihm zu.
Er sagte:
Wenn es nun einmal anders käme, auf welcher Seite ich dann stehen würde? Könne er mit mir rechnen? Er wolle mich nicht verletzen, ich stände immer auf der Seite der Gerechtigkeit, das wisse er nur zu gut, aber in unserer Zeit sei es nun einmal notwendig, sich seiner Anhänger zu versichern, nicht wahr?
Er trank auf mein Wohl.
Ich dachte: will Cassius eine Rebellion? Rebellen sehen anders aus, ich kenne sie. Was will er?
Ich antwortete, ich hätte ihn nicht ganz verstanden, entschuldigte mich mit meiner Taubheit und bat ihn, mir seine Ansicht kurz und präzis zu formulieren. Dabei hielt ich ihm Schreibzeug hin.

Natürlich perfid von mir. Daß er mir nicht eine Zeile schriftlich geben würde, war mir von vornherein klar. Leute wie Cassius stehen zu nichts; sie zahlen mit Sesterzen, die Haut tragen andere zu Markt. Sie können von einer Minute auf die andere genau das Gegenteil behaupten und sind spezialisiert auf den Trick, daß ihnen nie jemand etwas beweisen kann.
Er überspielte denn auch meine Aufforderung. Er trank, lachte, schenkte mir ein und meinte, solche Mätzchen hätten er und ich doch nicht nötig, das sei keine Art unter Freunden, ich solle das Schreibzeug nur wieder einstecken.
Aber ich, das weiß ich, habe nun einen mächtigen Feind mehr. Cassius hat mir nicht umsonst die Aufzeichnungen wiedergegeben. Das Wort »umsonst« existiert für ihn gar nicht.
Nachher kamen ein paar Mädchen und tanzten. Unter dem durchsichtigen Gewand waren sie nackt; Knaben sangen. Cassius war fröhlich, machte Witze und rief den Mädchen irgendwelche Wörter zu. Meine Augen sahen die Mädchen, das Fleisch, das Spiel; sie sahen sich fest, suchten einen Halt, konzentrierten sich; ich trank, tat gelangweilt, sah ihnen wieder zu; Knaben, Wein, Mädchen; Cassius lachte, klopfte sich auf die Schenkel, nahm ein Mädchen; ich trank; die Mädchen, ihr Tanzen, die Körper der Knaben, der Wein, der Rausch, das Fleisch; jetzt ist alles egal, dachte ich: sie tanzen, du bist da, so ist das Leben, du kannst es nicht ändern, das Mädchen dort ist schön, es lächelt; ihm macht es nichts, daß du kein Gouverneur mehr bist; trink, du hast deine Aufzeichnungen wieder, das Mädchen, ihre Arme, ihre Brüste . . .
Ich dachte an Claudia. Ich hatte Kopfschmerzen. Ich stand auf und verabschiedete mich.
Jetzt gehst du?
Ja, sagte ich, jetzt.
Wie du willst.
Er versteht mich nicht. Ich mich auch nicht.
Stephanio ein Geheimagent. – Er leiht sich Geld von mir, das er nie zurückgibt, und gleichzeitig bespitzelt er mich. Er meckert über den Kaiser, um mich zu bewegen, auch zu meckern. Wenn ich darauf hereinfalle, geht er zu seinen Auftraggebern, sagt: »Auftrag ausgeführt« und hält die Hand auf. Dann bekommt er von ihnen Geld. Und was werde ich tun, wenn mich diese Kreatur demnächst wieder aufsucht?

Ihn fragen, wie es ihm geht. Was denn sonst?
Was wollte Cassius von mir? Ich weiß es nicht recht. Draußen ist es hell geworden. Milchhändler bieten schreiend ihre Ware an; ein paar Schulkinder gröhlen. Was lernen sie in der Schule? Lesen, Schreiben und hin und wieder ein Gedicht. Und je mehr sie davon lernen, desto unfähiger werden sie zu leben. So ist es. Was wollte Cassius? Vielleicht nur eins: sein Gewissen erleichtern. Er denkt: Pilatus ist ein ehrenwerter Mann, ihm ist Unrecht geschehen; also lade ich ihn ein, gebe ihm zu trinken, unterhalte mich mit ihm und zeige ihm nackte Mädchen.
Nun, da er es getan hat, hält er sein Gewissen wieder für sauber.
Ein solches Gewissen müßte man sich stundenweise mieten können.

Ich habe eine gute Stunde gelegen, aber ich kann nicht schlafen. Es ist Tag, die Straße laut. Ich höre es nicht, aber der Lärm sitzt in den Kopfnerven. Ich überlegte, ob ich Eleazar kommen lassen sollte, um ihn zu fragen, was er von Stephanio hält. Aber ich bekäme doch keine ehrliche Antwort.
Und nun?
Eine wichtige Frage. Man humpelt von einer Begebenheit in die andere, nimmt sich vor, Konsequenzen zu ziehen, aber was man auch tut: man humpelt.
Man sollte die Toten behandeln, als lebten sie, und die Lebenden, als seien sie schon tot. Dann hätte ich Claudia nur geliebt. Cassius sagte übrigens, ich sei ein guter Römer. Ein Römer? Was geht mich Rom an? Was geht mich das Weltreich an? Soll ich es lieben? Warum? Unsre schöne Sprache? Beim Anhören einer Ode des Horaz schlafen die Leute ein. Unsere Kultur? Sie wird von Cassius und Konsorten zu Tode geritten. Ich, ein Römer? Alles andere. Einer, der lebt und Pilatus heißt. Einer, der zur Karikatur wird, sobald man ihn ernst nimmt.
Wer aber ist nicht Karikatur, wenn man ihn ernst nimmt?
Ich will mich konzentrieren:
Angenommen, es sind hundert Menschen beisammen, die gezwungen werden, sich über die Frage zu einigen, was ein Mensch ist. Wenn sie nicht wollen, kommen sie in einen Kerker; darin müssen sie bleiben, bis sie die Antwort haben. Vielleicht werden sie sagen: der Mensch ist ein Wesen, das sich

Gedanken macht.
Gut!
Und einer würde dann sagen:
Menschen haben Advokaten,
Ämter,
Bettler,
Geheimpolizei,
Christentum,
Mietwohnungen,
Nachtwächter,
Neuigkeitskrämer,
Gladiatorenspiele,
Absteigequartiere,
künstliche Eierbebrütung,
Elefantensterben,
Scheinehen,
Hinrichtungen durch den Biß einer Natter,
nackte Schauspielerinnen,
Witze,
Wucherer,
Makler,
Wunder,
Würfelspiele,
Parasiten,
gezähmte Papageien,
Gassenhauer,
Tierbändiger,
Weltfriedensschwärmer,
Götter,
etc.

Wie paßt das zu dieser Definition?
Sie müßten sich erneut zusammensetzen und eine andere Formulierung finden. Aber sie finden keine, nie. Sie finden lediglich, daß ich ein bißchen verrückt bin.
Und ihr?
Verzeihung!
Es regnet nun in Strömen. Ein Mann geht vorbei und schüttelt sich. Im Haus des Cassius scheint niemand zu sein; alles leer, trüb, still. Natürlich scheint das nur so; in Wirklichkeit

schnarcht Cassius; seine Frau hat ihren Liebhaber bei sich, und irgendein Sklave zählt Geld.
Ob ich jetzt Schlaf finde?
Versuchen! Aber schwer.

XXXV

Eleazar entlassen.
Er nahm es hin.
Weil mich seine Haltung verletzte, sagte ich:
Du bist anscheinend nicht traurig darüber?
Doch.
Aber?
Dein Wille geschehe, Herr.
Das eben ist es: dem Sklaven ist es beinah gleichgültig, welchen Herrn er hat, der Herr dagegen hat sich an seinen Sklaven gewöhnt. Alles umdrehen, dann paßt's wieder.
Weißt du, warum ich dich entlasse?
Ja.
Nämlich?
Weil ich ein Christ bin.
Nein. Du kannst sein, was du willst; ich möchte nur nicht, daß du nachts das Haus verläßt.
Wohin verkaufst du mich?
Verkauf dich selber. Mach, was du willst.
Er weinte. Da tat er mir leid. Leider. Ich sagte:
Schreib mir auf, was du bei den Christen suchst.
Dann sehen wir weiter.
Die Antwort:

Herr,
ich bin ein Christ geworden. Es gibt keine Götter. Es gibt nur einen Gott.
Dieser Gott ist gnädig. Vor ihm sind wir alle gleich. Er fragt nicht, ob einer Kaiser oder Sklave ist. Er fragt: hast du ein gutes Herz?
Ich möchte gern ein gutes Herz haben. Gottes Sohn ist für uns gestorben, weil wir alle schlecht sind. Wir sind mit Sünden

beladen, und durch seinen Tod nimmt Gottes Sohn die Sünden von uns.
Ich liebe dich, Herr, aber Gotte liebe ich mehr. Er ist mein erster Herr.
Wenn du mich zwingst, zwischen ihm und dir zu wählen, entscheide ich mich für ihn.
Sei nicht böse mit mir, Herr.

Eleazar*

Kein Kommentar. Oder doch: es ist unwichtig, woran man glaubt. Selbst dieser Staat hat den einen Vorzug, tolerant in Glaubensfragen zu sein. Man kann heute alles oder nichts glauben, daran stört sich keiner. Was Eleazar aber äußert, gefährdet die Staatsidee, und damit wird die Angelegenheit heikel. Mir soll es egal sein.

XXXVI

Aus den Gesprächen mit Barabbas

Ihr wünschtet euch einen Messias. Ist das richtig?
Ja.
Er sollte euch befreien?
Jawohl.
Wovon?
Von aller Macht, aller Gewalt.
Er ist also ein Gegner Roms?
Nein.
Was denn?
Scin Reich ist nicht von dieser Welt.
Aha! Von welcher?
Er ist für uns gestorben.
Interessant, aber im Augenblick nicht aktuell, verstehst du?
–
Deine Schwärmerei in Ehren, aber wir wollen zur Sache kommen. Wir reden hier nicht zu unserem Vergnügen, mir geht es um die Wirklichkeit, und die ist handfest und aktuell. Begreifst du das?

* Es existiert nur noch die Abschrift. N.

Das habe ich auch gedacht. Aber er hat mit Politik nichts zu tun.
Ganz recht. Er war ein harmloser Geselle, der keine Ahnung hatte; mir tat er leid. Aber nicht ich war es, der seinen Tod verlangte, das waren seine eigenen Leute.
Du hast es getan.
Ich habe mich lange dagegen gewehrt, das weißt du genau.
Ja.
Hätte es mir nicht gleichgültig sein können, ob die Hohenpriester einen Jesus, einen Moses oder einen Judas am Kreuz haben wollten?
Doch.
Aber?
Vielleicht hattest du etwas bemerkt?
Was?
Daß er der Messias war.
Mich interessiert einzig und allein die politische Seite der Angelegenheit. Der Messias sollte euch aufstacheln, eine Rebellion zu entfachen, stimmt das? Er wollte die Wahrheit.
Wahrheit? Was ist das? Für dich ist Wahrheit, daß die Römer verschwinden; für mich, daß sie bleiben. Wahrheit ist, daß du lebst und dieser Jesus tot ist. Und Wahrheit ist, daß ich die Fragen stelle und du mir zu antworten hast. Kriegst du das in deinen Kopf?
Er ist für mich gestorben.
Eben, das sage ich ja: für dich. Das ist *deine* Wahrheit. Wieso meine?
Du kennst ihn nicht, Herr.
Doch, ich kenne ihn sehr gut. Er war ein armer Teufel, der nicht ahnte, in welche Gefahr er sich begab.
Du hast ihn nicht sterben sehen.
Ich habe manchen sterben sehen; man gewöhnt sich daran.
Nicht bei ihm.
Findest du nicht selber, daß du allmählich etwas albern wirst? Na gut, er ist für dich gestorben, da hast du Glück gehabt. Aber daraus sollte ein Kerl wie du keine Sensation machen, das paßt nicht zu dir. Ich mache nichts daraus; ich sage, was ist.
Du sagst die Wahrheit, nicht wahr?
Ja.
Würdest du mir bitte auch sagen, woran du die erkennst?

Du hast ihn nicht gesehen.
Doch, ich habe ihn gesehen. Ich habe auch mit ihm gesprochen. Ich weiß, daß er keiner Krähe etwas zuleide getan hat. Deine eigenen Hohenpriester haben ihn mir aufgeschwätzt; sie haben alle juristischen Kniffe angewendet, haben mich beschwatzt, bedroht, fast erpreßt, daß ich ihn kreuzigen ließ. Das ist die Wahrheit, *meine* Wahrheit.
–
Du denkst natürlich anders darüber, weil du ein schlechtes Gewissen hast. Du denkst: *ich* müßte eigentlich am Kreuz hängen; und dann hing er für dich. Das hat dich nervös gemacht, weil du kein Kerl bist, sondern ein Schwächling.
Er ist für mich gestorben.
Das weiß ich allmählich.
Aber nicht nur für mich allein.
Aha! Für wen denn noch?
Für uns alle.
Interessant! Wohl auch für mich?
Für uns alle.
Ich stand aber doch gar nicht zur Diskussion?
–
Ich sagte, daß ich nicht zur Diskussion stand. Für mich war kein Kreuz aufgerichtet.
Nein.
Deine Antwort?
Er war Gottes Sohn.
Sieh an!
Wirklich.
Und wahrhaftig. Die Sprüche kenne ich.
Glaub mir doch, Herr.
Warum?
Es ist die Wahrheit.
So! Die Wahrheit. Ich frage noch einmal: was ist das?
Du hast ihn nicht sterben sehen.
Nein. Aber eines begreife ich nun: du bist ein ausgesprochen vornehmer Herr geworden. Gott persönlich hat seinen Sohn kreuzigen lassen, um dir dein nichtswürdiges Leben zu verlängern. Allerdings eine feine Sache! Bist du verwandt mit ihm? Hast du gute Beziehungen zu ihm? Ist der liebe Gott ein reicher Onkel von dir?

Dein Hohn verletzt mich nicht.
Aber mich verletzt deine Überheblichkeit!
–
Hast du mich verstanden?
Jawohl.
Und?
Nichts.
Zur Sache! Der Messias ist ein Freiheitsheld, ein nationalistischer Prophet. Stimmt das?
Viele denken so.
Was denken viele?
Sie denken, es käme ein Messias, der Israel befreien und die Römer aus dem Land jagen würde.
Siehst du, *das* begreife ich; das ist eine Realität. Gefährlich zwar, aber handfest.
–
Mit diesem »Messias« habe ich mich auseinanderzusetzen. Ich glaube nicht an ihn, aber er ist eine Macht für mich, und ich bin Besatzungschef. Verstehst du das?
Ja.
Das Volk erwartet Wunder von ihm?
Ja.
Kraft, Macht, Herrlichkeit?
Jawohl.
Wie soll er aussehen?
Er wird nicht näher beschrieben.
Glauben deine Leute immer noch daran?
Immer noch.
Du sagst aber, er sei längst tot; sei für dich gestorben?
Sie haben ihn nicht erkannt.
Aber du hast ihn doch erkannt?
Ja.
Hast du besondere Augen?
Nein, aber er hat Wunder getan.
Die von den Hohenpriestern widerlegt wurden. Darüber brauchen wir nicht zu rechten. Ich bin Jurist, nicht du.
Seine Wunder unterstehen keinem Gesetz.
Wie machte er das?
Er ist Gottes Sohn.
Ich weiß, und du und ein paar andere haben ihn erkannt. Und

alle übrigen sind blind oder benebelt. Das meinst du doch?
Du verstehst mich nicht, Herr.
Doch, sogar sehr gut. Ich verstehe, daß ihr an diesem Jesus einen Narren gefressen habt und nun allen Ernstes meint, ihr wärt etwas Besseres. Verstehst du, was ich meine?
Ja.
Und glaubst du mit mir, daß die Messiashoffnung des Volkes eine große Gefahr ist?
Für wen?
Für euch, euer Land, euer Leben.
Eine Gefahr auch für Rom, wenn das Volk erst losschlägt. Aber es kommt kein Messias mehr, nie.

XXXVII

Eines Tages führten meine Leute mir einen Gefangenen vor. Sie hielten ihn für einen Spitzel. Er behauptete, ein Freiheitskämpfer zu sein, redete nationalistische Phrasen daher, schwärmte vom Messias und seiner Herrschaft – bis sich schließlich herausstellte, daß der Bursche blöd war. Er schwätzte alles durcheinander, ohne Sinn und Verstand, und ich ließ ihn laufen.
Meine Leute trieben noch ihren Spaß mit ihm. Ein Hauptmann sprach ihn an. »Du«, sagte er, »ich habe vergangene Nacht vom Messias geträumt. Weißt du, daß du große Ähnlichkeit mit ihm hast?«
Der Blöde grinste. Die Soldaten lachten.
»Wirklich«, sagte der Hauptmann, »genauso wie du hat der Messias ausgesehen, von dem ich geträumt habe.«
»Ist das wahr?« fragte der Blöde.
»So wahr ich hier vor dir stehe.«
Jetzt durchschauten die Soldaten das Spiel, gröhlten, schrien: »Heil dir, Messias!« und: »Uns ist der Messias geboren!«, umringten den Burschen, tranken ihm zu, grüßten ihn ehrfürchtig und lachten sich halbtot darüber.
Der Blöde nahm alles ernst. »Meinst du wirklich«, fragte er den Hauptmann, »daß ich dem Messias ähnlich sehe?«
»Heil dir!« riefen die Soldaten. »Heil! Heil! Heil!«
»Ich muß dir nämlich etwas gestehen«, sagte er. »Ich hatte

auch einen Traum, und ich hörte eine Stimme, die sagte: ›Du sollst der Messias sein.‹ Und jetzt, wo du das gleiche sagst ...«
»Ja, wenn du sogar einen Traum hattest«, antwortete der Hauptmann, »wie konntest du denn so lange zögern? Du bist der Messias, daran ist nicht mehr zu zweifeln. He!« schrie er den Soldaten zu, »uns ist der Messias geboren! Holt Wein, gebt ihm zu trinken! Wir wollen uns besaufen!«
Die Soldaten gröhlten, tanzten, soffen.
»Nein«, sagte der Verrückte, »wenn ich der Messias bin, dann will ich nicht mehr trinken; ich will jetzt durchs Land ziehen und allen Leuten sagen, daß ich der Messias bin.«
»Na denn mal los!« – »Heil, heil! Heil dem neuen Messias!« – »Auf dein Wohl, Prophet!« – »Heil unserem Messias!«
Die Soldaten sangen:

Wir haben den Messias gesehn.
Heil, heil, heil!

Er soll uns Freude geben,
wir wollen noch einen heben.

Wir haben den Messias gesehn.
Heil, heil, heil!

Der Blöde verneigte sich linkisch, wurde lächerlich stolz und grüßte nach allen Seiten. Die Soldaten krümmten sich vor Lachen, schlugen sich auf die Schenkel, tranken und hatten einen Mordsspaß.
Der »neue Messias« sprach den Hauptmann wieder an. »Du sollst mit mir durchs Land gehen«, sagte er, »denn durch dich hat Gott mir das Zeichen gegeben.«
»In Ordnung«, erwiderte der Hauptmann. »Wann brechen wir auf?«
»Sofort. Wir haben keine Zeit zu verlieren.«
»Sofort? Aber ich muß noch meine Sachen packen.«
»Dazu hast du jetzt keine Zeit mehr. Gott hat dich gerufen, nun mußt du ihm folgen.«
»Und wenn ich mich weigere?«
»Ich gebiete es dir.«
Jetzt konnte auch der Hauptmann nicht mehr ernst bleiben; er lachte aus vollem Halse.
Der Blöde nahm das übel. Er sagte: »Wenn du lachst, Haupt-

mann, werde ich dich stumm machen. Komm und folge mir.«
Die Soldaten sangen:

Wir haben den Messias gesehn.
Heil, heil, heil!

Der Hauptmann zieht mit ihm durchs Land,
und wir sind außer Rand und Band.

Wir haben den Messias gesehn,
als erste den Messias gesehn.
Heil, heil, heil!

Der Hauptmann lachte.
Der »Messias« überlegte.
Einer sagte: »Du bist so stumm, Messias. Hältst du Zwiesprache mit deinem Gott?«
»Stört mich nicht.«
»Um Gottes willen, wie würden wir das wagen? Wir geben dir jeder eins auf den nackten Hintern, und dann ziehst du durch die Lande.«
»Jawohl, das ist ein Gedanke!«
»Packt ihn!«
»Messias« ließ sich nicht aus der Fassung bringen. Er wandte sich an den Hauptmann und fragte: »Wenn ich der Messias bin, was soll ich den Leuten denn sagen?«
»Was du sagst? Geh hin und erkläre ihnen, du ließest die Mauern Jerusalems einstürzen. Wenn dann alles in Schutt und Asche liegt, werden sie dir glauben.«
Allmählich wurde den Soldaten das Spiel leid. Sie jagten den Blöden fort.
Drei Tage später kamen 30 000 Menschen nach Jerusalem, weil jemand geweissagt hatte, er ließe die Mauern der Stadt einstürzen, denn er sei der Messias, und jeder möge sich davon überzeugen.
30 000 Menschen hinter einem Blödsinnigen.
Solche Späße hatten indes ihre Kehrseite. Die Bandenleute wußten genau, daß sie nur so lange existieren konnten, wie das Volk an den Messias glaubte. Also schickten sie Pseudopropheten aus, damit der Messiasgedanke beim Pöbel nicht in Vergessenheit geriet, und fast jede Woche spazierten als ehrenwerte Bürger verkleidete Banditen durch die Gassen Jerusa-

lems und verbreiteten das Gerücht, »Gott« würde in naher Zukunft den »Messias« schicken, das Volk müsse sich nur gedulden.
Sobald es um Politik ging, war ihnen kein Gott und kein Mittel zu schade. Darin sind die Burschen eiskalt.
Es sei denn, sie verfallen in den Wahn eines Barabbas. Aber das ist selten.

XXXVIII

Drei Wochen hinter mir, die ich nicht vergessen werde.
Ich müßte eigentlich froh sein, daß ich noch lebe.
Bin ich's?
Sie haben alles durchsucht und nichts gefunden. Meine Aufzeichnungen lagen mitten im Zimmer auf dem Tisch, neben einigen Sprüchen des Sokrates und unter Eleazars Gesprächszetteln. Aber auf einem Tisch suchen die Burschen natürlich nicht; sie suchen nach Geheimfächern, unter dem Fußboden, im Garten, zwischen den Wänden. Sie denken: was ein Staatsfeind nicht versteckt, kann nichts wert sein. Ihre Hypothese: Pilatus ist gegen den Kaiser, gegen den Staat, gegen das System, also *muß* er ein Versteck haben. Daß ich meine Aufzeichnungen offen liegen lasse: darauf kommen sie nicht. Lieber buddeln sie im Garten.
Während des Verhörs schlugen sie mich. Ich weiß nicht, wer; solche Leute sind anonym. Ich stellte mich tauber als ich bin, redete ihnen ein, ich könnte überhaupt nicht mehr hören, und alles Überlegen, wie ich mich am besten verhalten würde, führte zu nichts. Schließlich dachte ich nur noch an Claudia. Ich liebe sie.
Manchmal dachte ich: wenn du jetzt *einen* Menschen hättest, der deine Hand nähme und sagte: »Komm, ich bin ja bei dir.«
Niemand war bei mir.
Oder einen, der dir ins Gesicht schlüge und sagte:
»Los, nimm dich zusammen!«
Ich war allein.
Oder einen, der dir auf die Schulter klopfte und sagte: »Mach's gut.«
Keiner.

Oder einen, der Kopfschmerzen hat, und du könntest sagen: »Das kenne ich.«
Die aber haben keine Kopfschmerzen. Ihre Hände sind unfähig, jemandem auf die Schulter zu klopfen. Solche Hände finden nur den kürzesten Weg ins Gesicht. Ihre Füße kennen nur den Bogen ins Gesäß. Ihre Augen hassen oder schlafen. Ihre Zunge poltert oder wühlt in Schweinereien. Ihnen ist es lieber, einen totzuschlagen, als ihm etwas Wasser zu geben. Doch man gewöhnt sich an sie.
Mein Gewissen, vermute ich, sitzt zwischen meinen Augen und dem Ausgangspunkt der Kopfschmerzen. Irgendwo da tut's nämlich weh, wenn ich gegen meine Überzeugung handle. Denen tut nichts weh. Sie sehen auch nicht, was sie sehen: sie sehen, was sie sehen wollen. Kopfschmerz, was ist das? fragen sie, wieso hat ein Staatsfeind Kopfschmerzen?
Ich gab darauf keine Antwort. Ich legte es darauf an, taub zu sein.
Nach zehn Tagen kamen sie auf einen Gedanken; sie kamen darauf, sich mit mir schriftlich zu unterhalten. Es dauerte lange, aber immerhin kamen sie schließlich darauf.

Ich erhielt einen Fragebogen:

a) Was hältst du vom Kaiser?

Ich halte nichts von ihm. Ich schrieb:

Der Kaiser ist ein großer Mann. Er denkt für uns alle. Was machten wir, wenn er nicht mehr für uns dächte? Das wäre nicht auszudenken.

b) Was findest du schlecht an unserem Staat?

Nahezu alles. Am schlechtesten finde ich, daß der Staat so tut, als dürfe jeder denken und sagen, was er will, und dabei alle an die Wand drückt, die es wagen, dergleichen etwa wirklich zu tun. Ich schrieb:

Unser Staat ist gut. Ehrenwerte Männer lenken ihn, ehrenwerte Männer stehen ihm zu Diensten. Wenn ich es hier wage, ein Negativum anzuführen, so nicht aus Klugheit, sondern aus Wahrhaftigkeit. Ich finde, daß an einigen Plätzen Roms Bedürfnisanstalten eventuell errichtet werden könnten, die aber, bei klügerer Betrachtungsweise, auch entbehrlich wären.

c) Wie hältst du es mit den Göttern?

Danke der Nachfrage. Ich halte es gut mit ihnen. Ich glaube nicht an sie, aber das macht nichts. Ich schrieb:

Ich richte mich da ganz nach dem Kaiser. Er ist mir Vorbild. Sollte er die Götter abschaffen, stünde ich ebenfalls auf seiner Seite. Weil die Götter den Kaiser lieben, wird er sie aber nicht abschaffen wollen. Und das ist gut so.

d) Glaubst du an die Weltmacht Roms oder an den oft verkündeten Weltuntergang?

Ich habe eine handgroße, blutunterlaufene Stelle im Rücken, die ein treuer Diener des Kaisers mir beigebracht hat. Daran glaube ich. Ich muß schon daran glauben, weil sie mir, sobald ich mich auf den Rücken lege, verdammt weh tut. Ich schrieb:

Selbstverständlich glaube ich an Rom. Eine solche Frage zu beantworten, wäre unter meiner Würde, wüßte ich nicht, daß sie mir von ehrenwerten Männern gestellt wurde.

e) Was hältst du von Geheimagenten?

Perfid, nicht wahr? Ein Gauner wie Stephanio bringt mich für ein paar lumpige Sesterzen in Lebensgefahr, und nun soll ich ihm auch noch eine schriftliche Ehrenerklärung geben. Ich schrieb:

Geheimagenten sind notwendig und nützlich. Sie passen auf, daß im Staat nichts geschieht, was nicht paßt. Es muß aber alles passen, und deshalb sind Geheimagenten notwendig und nützlich.

f) Was sagst du zu der Behauptung eines Neuigkeitskrämers, du seist im Grunde deines Herzens ein Staatsfeind?

Was ich dazu sage? Zunächst nichts. Dann sage ich, aus dem Grunde meines Herzens: wenn dieser Staat auf Neuigkeitskrämer hört und gleichzeitig in den Schulen die Lehren des Sokrates verkünden läßt, so ist dieser Staat eine Lüge. Ich schrieb:

Ich bin ein ehrenwerter Mann. Doch auch ich irre. Wo ich aber irre, werde ich es stets bereuen.

g) Kannst du beweisen, daß du die Wahrheit sagst?

Nein, denn erstens lüge ich, und zweitens ist es schwer, die Wahrheit zu beweisen. Sie beweist sich von selbst. Ich schrieb:

Meine ganze Haltung beweist es.

Soll ich nun meine Aufzeichnungen verstecken? Soll ich sie vernichten? Die finden eher ein paar verfängliche Worte in den verkohlten Rückständen, als daß sie auf dem Tisch nachsehen! Nun muß ich also, einen Bluterguß im Kreuz, für dieses Imperium auf dem Bauch schlafen. Wenn ich dadurch schlechter schlafe, beweist das lediglich, daß ich kein ehrenwerter Mann bin.

XXXIX

Ich frage mich, ob meine Antworten feige waren. Gelogen sind sie allesamt, das ist klar. Auch werden sie durch den ironischen Unterton nicht mutiger. Ich wußte sehr wohl, daß jene treuen Diener des Kaisers kein Verhältnis zur Ironie haben; sie nehmen alles für bare Münze, selbst wenn der Kaiser sich zum Gott befördert. Aber bin ich feige?*
Dann wäre Mut: dem wildesten Rabauken gegenüber wahrhaftig sein, damit er einen zum Krüppel oder tot schlägt. Soll ich etwa Selbstverstümmelung betreiben?
Eleazar hat während meiner Abwesenheit alles in Ordnung gehalten. Sie wollten ihn ausfragen, doch er »wußte nichts«. Claudias Zimmer ist unberührt. Bei meiner Rückkehr küßte er mir die Hände.
Auf diese, freilich unheimliche Art, zwingt ein Sklave seinen Herrn, ihm treu zu bleiben.

* Es fällt mir schwer, die immer schamloser werdenden Äußerungen des Gouverneurs a. D. unzensiert zu lassen. Sie erfüllen mein Herz mit Abscheu. Doch nehme ich mit untertänigem Respekt vielleicht richtig an, daß es nicht an mir ist, sie zu vernichten. Es ist wohl auch wahrscheinlich, daß der Gouverneur a.D. zu dieser Zeit schon geistesgestört war. N.

XL

Claudia

Mir ist eine Katze zugelaufen. Sie ist häßlich, hat verstümmelte Zähne und ein verdrecktes, an manchen Stellen kahles Fell.
Ich will sie behalten.
Sie geht mir aus dem Weg. Sie sieht mich mit ihren spitzen, undurchdringlichen Augen an, und ich frage mich, was sie denkt. Nichts Gutes, nehme ich an, aber ich weiß, wie sehr man sich darin täuschen kann; Stephanios Augen sehen aus, als wollten sie jeden Augenblick in Tränen ausbrechen. So voller Mitleid ist dieser Mensch, denkt man.
Die Katze steht neben mir und sieht mich an. Nein, sage ich, du bist kein Schauspieler, du bist auch kein Geheimagent. Du bist eine schöne Katze, lieb, weich, mit einem Fell . . .
Jetzt will ich sie anfassen, streicheln, auf meinen Schoß nehmen, aber sie denkt anders darüber und läuft fort.
Du könntest ihr etwas zu fressen geben, denke ich; dann kommt sie vielleicht wieder.
Komm, sage ich, ich habe dir was zu fressen geholt.
Darauf läßt sie sich nicht ein. Sie hat sich irgendwo verkrochen, vielleicht hinter die Heizung; ich knie nieder, lege meinen Kopf auf die Erde, suche sie und sage:
Nun komm doch.
Darin ist sie jedoch eigen. Ihren Körper sehe ich nicht, nur ihre Augen: grün, schmal, leuchtend und eiskalt. Sie glühen vor Kälte, starren mich an, starren durch mich hindurch: was mögen sie denken?
Sie denken: hier glühe ich, starre dich an, und wenn du fortgehst, warte ich eine Zeit, bis ich nichts mehr sehe, höre, rieche, und dann werde ich einmal nachsehen, was du mir zu fressen gebracht hast.
Ich knie auf der Erde, den Kopf noch immer am Boden, und sage:
Nun komm schon.
Es hat keinen Zweck. Sie mag dich nicht, denke ich, tu etwas anderes.
Was?
Ich stehe auf, suche mir eine Beschäftigung, setze mich,

schreibe ein paar Zeilen, gehe aus dem Zimmer, komme zurück, schreibe weiter, denke nach, warte. Sie rührt sich nicht. Darauf falle ich nicht herein, denkt sie; sie hat Zeit.
Ich lege mich wieder auf den Boden, sehe in ihre Augen, sage etwas, schiebe ihr den Freßnapf zu und sage:
Komm, du hast doch Hunger.
Das mag wohl sein, aber sie wird fressen, wenn sie will. Da kannst du lange warten, denkt sie; da kannst du sechs Wochen auf der Erde liegen und mich ansehen, ich fresse nicht, und wenn ich darüber stürbe.
Ich könnte einen Spaziergang machen, denke ich, ziehe mich an und gehe. Sehe Leute, Gesichter, Häuser, eine fremde Katze und ein weinendes Kind. Mich interessiert das nicht. Ich denke: was wird sie tun, wenn du fort bist?
Ganz einfach: sie hat gefressen. Ich rufe sie, suche sie, gehe durchs Haus, rufe einen Namen, rufe: »Katze« und: »Musch-Musch-Musch« und »Claudia«.
Ich finde sie nicht. Ich will sie behalten.

XLI

Cassius gestorben.
Woran?
Die Ärzte sind ratlos, der Kaiser tief bewegt, das Volk erschüttert. Seine Frau weint, die Sklaven weinen, ein Freudenmädchen weint; selbst die Angehörigen tragen eine gepflegte Träne zur Schau.
Eigentlich müßtest auch du dir eine Träne abringen können, denke ich; das gehört sich doch, tot ist tot.
Ich denke an Claudia; die Tränen hören nicht mehr auf.

XLII

Kehrseiten dieses Staates

Wer zu gar nichts fähig ist, kann heute immer noch Geld machen.

Wer sein Herz rein halten will, muß sich eine abseitige Position aussuchen. Reinen Herzens kann er zum Beispiel Hühner züchten oder Formulare ausfüllen, nicht aber Senator werden.

Hühner züchten kann einer aus zweierlei Gründen: aus Liebe zum Huhn oder aus Ironie. Da die Liebe zum Huhn vom Eierlegen abhängt und die Ironie immer unverstandener wird, sterben die Hühner allmählich aus.

Sokrates starb heiter und gelassen. Heute wird alles, vom Regieren bis zum Huren, heiter und gelassen getan.
Nur nicht gestorben.

Man muß beweisen können, was man glaubt, und glauben, was sich beweisen läßt. Zum Beispiel läßt sich beweisen, daß Cassius ein großer Mann war.
Wieso?
Auf seiner Beerdigung waren Agenten, die auf den Schmuck der Frauen aufpaßten.

Der Kopf ist zum Denken da, die Füße zum Gehen.
Heute treten die Leute mit ihrem Kopf und denken mit den Füßen. Mit dem linken Fuß abwägend feige, mit dem rechten in irgendein Rückgrat.

»Ich habe stets in der besten Absicht gehandelt.«
»Häng dich auf.«

Die Juden hofften auf einen Messias.
Sie waren so blöd, daran zu glauben.
Wir sind viel zu gläubig, um so blöd zu sein.

XLIII

Schon tagelang quält mich Eleazar, mit ihm zu einer Versammlung der Christen zu gehen. Sein Eifer erstaunt mich. Wird er dafür bezahlt? Verfolgt er dabei eigene Interessen? Die meisten Christen sind, soviel ich weiß, recht fragwürdige Gestalten. Von Philosophie haben sie keine Ahnung. Allerdings

sind sie ungefährlicher als die Juden; schon deshalb, weil sie sich als Sekte betrachten und nicht als Nation. Ihre öffentlichen Ansprüche sind bescheiden, so scheint es zumindest. Sie lehren, laut Eleazar, daß alle Menschen gleich seien; Unsinn natürlich, denn ich bin, meinem Wollen und Wirken nach, besser als Stephanio.
(Übrigens: was treibt Stephanio jetzt? Ist er noch in Rom? Muß er ein anderes Opfer bespitzeln?)
Kleider machen auch heute noch Leute. Eine Unmenge Halbgebildeter läuft in der Tracht der Philosophen einher; sie verkleiden sich als Sokrates oder Diogenes, doch neben der bescheidenen Kunst, griechisch zu schreiben, beherrschen sie nur die Frechheit, arrogant zu sein. Sie sind geschickte Rhetoren und von der Weisheit so weit entfernt wie Jupiter von ehelicher Treue und Merkur vom ehrlichen Handel. Die angeblichen Philosophen haben die Philosphie in Mißkredit gebracht. Das Volk sieht einen Mann mit großem Mantel und langem Haar, schließt daraus, daß es sich um einen Philosophen handelt, und sobald er sich danebenbenimmt, sagt es befriedigt: seht ihn an! Seht, was er tut! Und wie redet er?
Die falschen Philosophen spielen uns übel mit. Sie lehren die Verachtung des Geldes und verkünden ihre Lehre nur gegen Barzahlung. Sie behaupten, der Ruhm sei hassenswert, und sind selber so eitel wie Affen. Sie sagen, Philosophie mache leidenschaftslos, und wenn sie untereinander Krach bekommen, werden sie bösartiger als bissige Hunde. Sie lehren Mut, Zivilcourage und Anständigkeit, reden aber jedem Neureichen nach dem Mund. Und ganz allgemein sind sie grob wie die Esel, feige wie die Hasen und streitsüchtig wie die Hähne.

Nachtrag

War bei Claudia. Kalt, leer, grau. Auf einem Grabstein stand der Spruch:

ER HAT KLEIN ANGEFANGEN UND IST GROSS
GEWORDEN / ER HAT DREISSIG MILLIONEN
SESTERZEN HINTERLASSEN UND NIE EINEN
PHILOSOPHEN GEHÖRT

Quod erat demonstrandum.

XLIV

Man munkelt, Cassius sei keines natürlichen Todes gestorben. Da sein Begräbnis sehr prunkvoll war, ist dieses Gerücht eher wahr als erfunden.
Mein Vermögen ist bis heute nicht beschlagnahmt worden. Ich hatte nach meinem Verhör damit gerechnet. Jetzt begreife ich, warum das nicht geschah. Die Leute würden nie zugeben, mich schlecht behandelt zu haben. Fragte sie jemand: »Pilatus ist wohl abberufen worden?«, werden sie antworten: »Abberufen? So würden wir das nicht formulieren. Pilatus hat seine Pflicht getan, er ist ein ehrenwerter Mann, dem wir viel zu verdanken haben. Es ergab sich lediglich die Notwendigkeit, einen anderen Gouverneur zu berufen, und dieser Notwendigkeit sind wir gefolgt.«
»Aber«, erwidert man, »Pilatus ist doch bespitzelt worden.«
»Bespitzelt? So möchten wir das nicht formulieren. Wir haben ihn, gerade weil wir ihn sehr schätzen, bewachen lassen; das tun wir mit jeder wichtigen Persönlichkeit, sogar der Kaiser unterwirft sich dieser Regelung, und es spricht nur für den Gouverneur a. D., wenn er nach wie vor dieser Auszeichnung teilhaftig wird.«
»Aber«, sagt einer nun, »ihr habt ihn doch einem Verhör unterzogen und ihn geschlagen?«
»Wer hat ihn geschlagen? Wer? Nenne uns sofort den Namen des Mannes, damit er zur Rechenschaft gezogen werden kann. Pilatus geschlagen? Wirklich, solltest du die Wahrheit sprechen, wäre das ungeheuerlich. Das dürfte der Kaiser nie erfahren, das kannst du uns glauben. Erführe er es nämlich, was, glaubst du, würde mit dem Betreffenden geschehen? Er würde des Landes verwiesen, ach was! gesteinigt würde er. Dessen kannst du versichert sein.«
Der Kaiser erfährt es aber nie. Dafür wird schon gesorgt. Und sollte er es dennoch erfahren, wird er es wohlweislich überhören.
»Aber«, wird man sagen, »was ist denn nur mit Pilatus? Er ist doch kaltgestellt, lebt, siecht dahin; ist er denn zu nichts mehr nütze?«
Und sie werden antworten:
»Was willst du eigentlich? Was redest du soviel von Pilatus?

Hat er nicht alles, was er zum Leben braucht? Ist der Staat jemals ungerecht zu ihm gewesen? Pilatus wird geachtet und geehrt, er hat sein Vermögen, sein Haus und ein geruhsames Leben. Du willst doch nicht etwa unseren Staat angreifen?«
Nein, das will man natürlich nicht. Schon deshalb nicht, weil man viel zu gern lebt. Und somit ist klar, warum man mir mein Geld nicht abnimmt. Pilatus darf nicht im Elend verrecken: das soll diesem Staat niemand nachsagen können.

XLV

Meine Katze gesucht.
Eleazar zwei Stunden vermißt.
Kaum gegessen.
Versucht, zu lesen.
Darüber eingeschlafen.
Kopfschmerzen.
Also: wieder einen Tag herumgebracht.

XLVI

Eleazar schwärmt nur noch von diesem Jesus. Er sagt, dieser Jesus sei der leibhaftige Sohn Gottes gewesen, habe sich freiwillig ans Kreuz schlagen lassen und deshalb jede Verteidigung abgelehnt, und nun sitze er bei Gott im Himmel.
Ich kann den Leuten das nicht übelnehmen. Sie sind schließlich nicht auf den Kopf gefallen, haben Augen, zu sehen, was in der Welt geschieht, und da sich die Götter, an die sie ohnehin kaum noch glauben, auch nicht gerade anständig benehmen, sondern die Ehe brechen, stehlen und morden, sind sie eben auf die Idee verfallen, sich einen Messias zu machen: einen Messias, der all das hat und ist, was sie selber gern haben möchten und nicht sind. Soweit verstehe ich die Sache.
Exakt gedacht, sieht sie freilich anders aus.
Falls ihr Gott wirklich existiert und seinen eigenen Sohn durch mich hat ans Kreuz schlagen lassen, ohne mir ein Zeichen zu geben, kann er kein wirklicher Gott sein. Ich lehne es ab, an unkorrekte Götter zu glauben.

Zweifellos war dieser Jesus seltsam; er hatte hilflose Manieren, ein fremdes Lächeln und sprach wirr (kein Wort griechisch). Aber läßt sich daran ein Sohn Gottes erkennen? Außerdem war er häßlich. Sein Gesicht war grob, fast ordinär, dazu bleich und krank. Er interessierte mich nicht. Wären mir seine Hände nicht aufgefallen, hätte ich mich kaum mit ihm unterhalten. Sie waren sehr lang, sehr schmal und zu nichts zu gebrauchen. Kein Mensch hätte damit arbeiten können, zum Beispiel eine Axt halten oder einen Krug, und dafür sind Hände ja da. Es muß leicht gewesen sein, die Nägel einzuschlagen. Viel Widerstand können sie nicht geleistet haben, dessen bin ich sicher. Vielleicht hatten seine Handflächen nur ein paar Tropfen Blut? Das würde zu ihm passen.
Eigentlich seltsam, daß ich mich so genau an ihn erinnere! Ihr Gott muß allerdings ein Narr sein, wenn er dieses Häufchen Elend gezeugt hat.
Die Katze wird nicht zutraulicher. Sie ist stundenlang fort, halbe Nächte unterwegs, und nach wie vor frißt sie nur, wenn sie allein ist. Ich mag sie, weil sie verwildert ist. Sie läßt sich auf nichts ein, weder auf ein gutes Wort noch auf den Versuch, sie zu streicheln. Sie hat sehr eigenwillige Ansichten, und eben das gefällt mir; es würde mich enttäuschen, wenn sie sich eines Tages dazu herabließe, mir Pfötchen zu geben.

Die Kopfschmerzen gehen neue Wege. Sie werden jetzt seßhaft. Früher genügte es, zu warten, ein bißchen zu schlafen oder eine Weile ganz ruhig zu liegen. Nun überspielen sie auch das und beißen sich fest. Manchmal werde ich morgens wach und schicke Eleazar wieder fort; ich bleibe liegen. Wie schnell man in Vergessenheit gerät! Kein Kollege, kein Offizier, auch keine Freundin meiner Frau, nichts. Allein. Ich existiere nicht mehr, bin einfach nicht mehr da. Und sollte in irgendeinem Gespräch wirklich einmal mein Name fallen (was ich allerdings kaum glaube), so wird bestimmt einer fragen: »Pilatus? Ja, lebt der denn noch?«
Doch, das tut er.

XLVII

Liebe Claudia,
ich suche Mitleid, verzeih mir. Ich bin wahnsinnig allein, habe Kopfschmerzen, sitze in deinem Zimmer und warte; ich möchte mit einem Menschen reden, aber ich habe keinen; ich habe Angst, daß man mich wieder zum Verhör abholt; ich rufe Eleazar, aber der denkt nicht daran, zu kommen. Was soll ich tun: lesen, schreiben, spazierengehen? Vom Lesen bekomme ich Kopfschmerzen; beim Schreiben denke ich: warum machst du das? Beim Spazierengehen sehen die Leute mich an, tuscheln miteinander und sagen: »Das ist Pilatus, siehst du?« Im Traum rufe ich nach meiner Mutter, sie lacht mich aus. Ich glaube nicht an Kaiser, Staat, Pöbel. Die Welt macht pleite, denke ich, warum lebst du, was soll der Unsinn? Die Neuigkeitskrämer machen Politik, die Gauner Geld, die Huren Karriere; die Weiber entkleiden sich und zeigen sich nackt. Wer wie über wen spricht, ist unwichtig, wichtig ist: *daß* über einen gesprochen wird. Im Zirkus jubiliert das Volk, wild, berauscht, zügellos. Die Herzen betteln, die Hirne frieren, die Seele wird geprügelt. Auf dem Abnormitätenmarkt toben die Idioten; was soll's, wir haben's ja. Wenn Nachbar hat, muß Nachbars Nachbar mehr haben. Je dümmer, desto besser. Wer Sklaven hat, hat auch Kredit. Besorge dir durch Bestechung eine Bescheinigung, die besagt, der Kaiser schätze dich, und kaufe dir ein Haus, einen Philosophen, eine Herde Vieh, was du willst. Sage zu jedem: mein lieber Freund, und denke von jedem: du blöder Kerl.
»Familienleben«: Vater liebt eine Vierzehnjährige, Mutter einen Sklaven; Tochter verkehrt mit einem Familienvater, und Sohn ist ein bißchen abartig. Die Götter haben sich zurückgezogen und treiben nun unter sich ihre Späße. Die Senatoren sitzen im Zirkus, die Huren beten, die Priester machen dumme Witze, der Kaiser spielt Gott, die Reichen baden in Milch, die Sklaven kommandieren, die Dichter schweigen, die Welt ist gut. In den Parks geht die Unzucht spazieren und zertrampelt die Beete. Tränen sind Kitsch, Gedanken Luxus, Geld ist Geist, gegen Kopfschmerzen gibt es Mittel, die Welt ist schön. Wenn ein Kind schreit, sobald es die Welt sieht, sagt die Mutter: »Es ist gesund.«

XLVIII

Kinder: Erwachsene ohne Konformismus.

IL

Für den Frieden und die Freiheit Roms wurden zahllose Kreuze in Auftrag gegeben.
Daran gestorben wurde für die Katz.

L

Ich bin vielleicht senil, aber ich habe keine Angst vor Blut. Es soll ruhig fließen – nur nicht in Schatullen.

LI

Was die Leute wollen, ist nicht einmal uninteressant, aber von Religion haben sie keine Ahnung.
Ich verstand nur recht wenig. Ein Mann, zwar sympathisch, doch etwas weichlich, verlas einen Vortrag. Die Leute hörten ihm gespannt zu. Ihre Gesichter gefielen mir nicht. Es war im Hause des T. (von dem ich nie und nimmer angenommen hätte, daß er Christ ist), und die meisten Teilnehmer waren Sklaven. Es geht bergab mit uns. Ich stand da, ein wenig ratlos vielleicht, und da ich mich von Anfang an unter diesen Leuten nicht wohl fühlte, entschuldigte ich mich mehrmals, daß ich gekommen sei. Ihnen war das anscheinend gleichgültig. Sie behandelten mich wie irgendeinen anderen Besucher; vielleicht waren sie mir gegenüber devoter, aber das bestimmt nicht wegen meines Standes, viel eher wegen meiner Kleidung. Ihre Gesichter schienen zu fragen: was will der eigentlich bei uns?
Eleazar versuchte, das zu überspielen. Er war sehr um mich besorgt, verschaffte mir einen guten Platz und war überhaupt voller Glückseligkeit.
An sich hatte ich gehofft, etwas über Palästina zu erfahren,

über die Messiasidee und das wirkliche Ziel der Christen, aber soweit ich verstehen konnte, redete der Vortragende darum herum. Er verlas den Brief eines Pharisäers mit Namen Paulus, dessen Sprüche anscheinend nicht viel taugen. Wie man hört, soll er in Athen damit auch Schiffbruch erlitten haben.
Das Traurige bei den Christen ist, daß sie immer so traurig herumsitzen. Ich habe sie genau beobachtet. Sie starren auf den Mund des Redners wie junge Karrieremacher auf einen Handwink des Kaisers, nehmen jedes Wort für bare Münze und denken nicht daran, dem Redner zu widersprechen. Natürlich ist das gefährlich. Neben mir saß eine Frau, höheren Standes wie ich; ich kannte sie nicht. Während des ganzen Vortrags wagte sie nicht, sich zu bewegen; mit offenem Mund, der leicht zitterte, starrte sie den Redner an, schien ihm die Worte aus dem Mund zu saugen, die Augen strahlten, sie wagte kaum zu atmen. Mir war sie unheimlich. Wozu mögen solche Leute fähig sein?
Die anderen waren alle gleich. Gleich unbewegt, gleich stumm, gleich staunend. Eine langweilige Gesellschaft.
Der Mann redete, ereiferte sich und fuchtelte mit den Händen. Ich fragte mich, was ich in dieser Umgebung zu suchen hätte, tröstete mich aber mit dem Gedanken, daß es zu Hause noch langweiliger sein würde. Es gefiel mir nicht, aber immerhin wartete ich nicht auf Kopfschmerzen.
Nach dem Vortrag, der zu lang war, beteten sie. Dann umringten sie den Redner, fielen ihm um den Hals, drückten ihm immer wieder die Hände, und niemand widersprach ihm. Es hatte ihnen allen gefallen.
Seltsam.
Viele von ihnen berauschen sich mit demselben Vergnügen an den Zoten des heutigen Theaters. Was stimmt nun?

Was werde ich jetzt tun?
Ich könnte meine Katze suchen. Aber sie wird unterwegs sein.

LII

Traum

Ich bin jünger, vielleicht fünfzig. Ich fühle mich stark und gesund, mein Gehör funktioniert tadellos, und obwohl ich in meiner Wohnung in Rom sitze, bin ich mir nicht bewußt, außer Dienst zu sein. Ich bin ein Herr und habe die Macht dazu. Ich sitze eine Weile am Tisch, lese oder schreibe, doch plötzlich kommt mir der Gedanke, Claudia könnte mich verlassen haben. Es ist Nacht, ich gehe durch alle Zimmer, ich rufe ihren Namen, aber das ganze Haus ist leer; ich bin allein. Ich fühle den Schweiß auf meiner Stirn, werde schwindelig, denke: du träumst; aber nein: Claudia ist nicht mehr da. Ich schaue nach, ob es wirklich Nacht ist. Natürlich: alles dunkel, die Straße leer, ich habe mich nicht geirrt. Ich laufe durchs Haus, rufe: »Claudia . . . Claudia . . .« Nichts. Ich laufe hinaus auf die Straße, rufe immer wieder ihren Namen, verirre mich und weiß nicht mehr, wo ich bin. Der Schweiß kriecht über mein Gesicht; ich friere. Nun kommt mir ein Gedanke: du hast nicht in Eleazars Zimmer nachgesehen, denke ich, dort könnte sie sein. Ich renne wieder nach Hause, ein Mann tritt mir in den Weg. Ich halte ein, sehe ihn an, er grinst hämisch, ich laufe weiter; nach einer Weile sehe ich mich um, sehe nach, ob der Mann mich verfolgt, stolpere dabei, falle hin, stehe wieder auf, reibe mir mit der Hand über die Stirn, meine Stirn blutet; egal, denke ich und laufe weiter; durch Straßen, dunkle Gassen, laufe in Eleazars Zimmer; sein Zimmer ist leer. Ich bin erschöpft. Ich falle hin, reibe mir den Schweiß, das Blut und die Angst von der Stirn, aber sobald ich sie fortgewischt habe, werden die Poren größer, lassen doppelt soviel Schweiß, Angst, Blut hindurch, ich kann nicht mehr, alles ist zu Ende. Plötzlich höre ich ein Geräusch, raffe mich wieder auf, sehe, daß Eleazar das Bad bereitet hat, ziehe mich aus, bade, der Körper atmet auf, und mit einem Male habe ich alles vergessen. Ich weiß nicht mehr, daß Claudia fort ist. Ich langweile mich. Ich denke: was wirst du jetzt tun? Vielleicht diktierst du einen Eilbrief an Burrus? Ganz gut, wenn er einen Eilbrief bekommt, sonst meint er, ich täte nichts anderes in Caesarea als Wein trinken und baden. Ich trocknete mich ab, vergaß,

mich anzuziehen, ging zu Cassius, der so wenig wie ich bemerkte, daß ich nackt war, und sagte: »Ich möchte meine Frau abholen.« Cassius sagte: »Sie ist nicht bei mir.« Seltsam, dachte ich und ging zum Kaiser. »Ist meine Frau hier?« fragte ich. Der Kaiser sah mich an, und ich merkte, daß er Angst vor mir hatte. Er hat ein schlechtes Gewissen, dachte ich. Aha, dachte ich, der Kerl betrügt dich mit deiner Frau. Ich schlug ihm ins Gesicht, er weinte, fiel zu Boden, jammerte, und erst jetzt wurde mir bewußt, was ich getan hatte. Ich bekam Angst und blieb einen Augenblick wie gelähmt stehen. Ich dachte: jetzt kommen die Soldaten und packen dich; ich fühlte den ersten Schlag auf meine Stirn; halb so schlimm wie Kopfschmerzen. Ich lief davon, die Soldaten hinter mir her; aber ich bin schneller, renne nach Hause, will mich verstecken, stürze in Eleazars Zimmer und sehe: Claudia und Eleazar, sie küssen sich; ich kann kein Wort hervorbringen; Claudia lächelt, streichelt Eleazars Haar, sagt: »Wir sind Christen« und küßt ihn auf beide Augen. Ich vergesse mich, will zuschlagen . . .
Aufwachen; Kopfschmerz; rasendes Herz. Der Schweiß klebt. Ich brauchte drei Tage, um diesen Traum zu vergessen. Erst jetzt glaube ich wieder, daß Claudia mich nicht betrogen hat und Eleazar kein Liebhaber ist. Bin aber immer noch mißtrauisch.

LIII

Nach schriftlicher Rücksprache mit Eleazar stellte ich fest:
An dem Vortrag des Christen entsetzt mich vor allem der Mißbrauch des Wortes *denn.* Seine dialektische Methode ist äußerst primitiv. Er stellt eine Behauptung auf, will sie begründen, und am Ende steht die Begründung auf schwächeren Füßen als die Behauptung. Im übrigen sagt er, die Obrigkeit des Kaisers sei göttlicher Wille, und eben daran hege ich gute Zweifel.
Denn, sagt er, Gott sei sein Zeuge (ein bequemer Zeuge). *Denn* ihn verlange, uns zu sehen (na, schön). *Denn* die Sünde werde nicht herrschen können über uns (*warum* »denn« nicht?). *Denn* er halte dafür; *denn* er sei gewiß; *denn* er sage durch die Gnade, die ihm gegeben sei . . . (seine Sache). *Denn* durch ihn wirke

Gott ... etcetera, etcetera.
Diese Art gefällt mir nicht.
Zwei Dinge allerdings leuchten mir ein:
1.) »Denn das Gute, das ich will, das tue ich nicht, sondern das Böse, das ich nicht will, das tue ich.«
So geschehen mit Claudia. Ich wollte sagen: »Du bist mir der liebste Mensch«, und ich sagte: »Du bist grausam oder böse oder gemein.«
2.) »Denn das Reich Gottes ist nicht Essen und Trinken, sondern Gerechtigkeit und Friede und Freude im Heiligen Geist.«
Schön. Aber damit werden die Leute nicht weiterkommen. Heilig ist der Geist höchstens für zwei von tausend.

LIV

Die Christen haben keine *Warums*. Das ist ihre Masche.

LV

Aber ich lebe ja nicht, um mich mit den Christen zu befassen, obwohl sie mich reizen.
Ich finde keine Beschäftigung mehr. Was ist zu tun?
Du könntest zum Beispiel aufstehen und in den Himmel sehen, denke ich.
Ich kehre zurück, setze mich wieder und schreibe: »Ich habe in den Himmel gesehen.«
Nach einer Weile setze ich hinzu: »Er ist blau.«
Wenn er grau oder weiß oder dunkel oder wolkig gewesen wäre, hätte ich hinzugesetzt: »Der Himmel ist grau oder weiß oder dunkel oder wolkig.«
Und jetzt?
Claudia, denke ich, war eine gute Frau.
Ja, ja, das weiß ich nun allmählich; aber sie *war* es, und jetzt ist sie tot.
Also?
Die Katze.
Ich stehe auf.

Sie lag neben der Heizung und schlief. Als ich sie streicheln wollte, sprang sie auf, fauchte und lief davon.
Also?
Was könnte ich jetzt tun? Was interessiert mich? Was würde mir im Augenblick Spaß machen? Warum schreibe ich?
Ich schreibe, weil ich im Augenblick keine Kopfschmerzen habe, weil Claudia tot ist, weil die Katze sich davongemacht hat und alles andere noch langweiliger ist als Schreiben.
Wenn dieser Jesus etwas Besonderes war, hat er mir keinen reinen Wein eingeschenkt. Ich habe ihn klar und präzis gefragt, und er hat mir in Bildern geantwortet. Das ist unfair.
Überhaupt: Jesus. Sie *wollten* einen Messias, und da sie keinen besseren fanden, haben sie ihn genommen. Er war gut dafür, denn er war weich. Seine Freunde bauschten ihn auf, machten einen Halbgott aus ihm und sind dreist genug, seine Sprüche bis nach Rom zu tragen. Dabei spekulieren sie auf die Sklaven und die Armen, denn sie sagen: »Vor Gott sind alle Menschen gleich.«
Alle gleich? Wenn Sokrates und Stephanio vor Gott gleich sind, will ich mit diesem Gott nichts zu tun haben.
Und jetzt?
Vielleicht könnte ich etwas essen. Ich habe allerdings nicht den geringsten Hunger.
Vielleicht könnte ich mir etwas einfallen lassen, was ich gern aufschreiben möchte. Gestern oder vorgestern erzählte mir Eleazar von einem Mann, der seine Frau vergiftet hat. Nachdem er ihr in einem Becher Wein das Gift gereicht hatte, ging er zu einem Freund, unterhielt sich mit ihm, trank, machte Witze, und nach einer Weile sagte er beiläufig:
»Meine Frau fühlte sich nicht ganz wohl, als ich fortging. Ich glaube, ich muß einmal nach ihr sehen.«
»Aber«, sagte der Freund, »das wird doch nicht so schlimm sein. Du mußt dir nicht zuviel Sorgen machen.«
»Na, wenn du meinst«, sagte der Mann, trank weiter, unterhielt sich, schmuste mit einer Tänzerin, und etwas später fragte er den Freund: »Würdest du mir wohl einen Gefallen tun?«
»Natürlich, was denn?«
»Schick doch bitte einen Sklaven zu mir nach Hause. Er soll sich nur erkundigen, wie es meiner Frau geht.«
»Selbstverständlich«, erwiderte der Freund und gab Anwei-

sung, einen Sklaven zu schicken.
Der Mann amüsierte sich. Die Tänzerin lächelte.
Der Sklave kam zurück. Die Frau rühre sich nicht, sagte er, sei ganz steif, er nehme an, sie sei tot.
Der Mann brach in Tränen aus, ließ sich durch nichts beruhigen, weinte ununterbrochen und rief immer wieder: »Sie hat sich umgebracht, weil ich nicht gut zu ihr war.«
Drei Tage später gestand er den Mord.
Lohnt es sich, so etwas hinzuschreiben?
Nein.
Ich will mich unterhalten.
Pilatus, sage ich, wie geht es dir?
Danke, ich kann mich nicht beklagen, erwidere ich.
Was machen deine Kopfschmerzen denn?
Na, es geht. Es könnte besser sein.
So, das tut mir leid, sage ich.
Wirklich?
Du kannst aber fragen! sage ich. Natürlich tut es mir leid, wenn du Kopfschmerzen hast.
Das freut mich, wenn es dir wirklich leid tut.
Und was ist mit deiner Katze?
Ich habe viel Ärger damit. Sie ist scheu, streunt umher, und überhaupt: sie mag mich nicht.
Aber Pilatus, wenn du Ärger damit hast, dann gib sie doch fort. Wirf sie hinaus.
Nein, erwidere ich, du mußt mich da recht verstehen, Pilatus. Wenn ich sie nicht mehr hätte und also nichts mehr, worüber ich mich ärgere, was hätte ich dann überhaupt noch?
Das ist wahr.
Siehst du?
Du bist doch da auf einer Versammlung der Christen gewesen, fange ich wieder an. Wie kamst du eigentlich dazu? Entschuldige, daß ich dich so unvermittelt darauf anspreche, aber du kennst doch Palästina, kennst die Burschen dort und bist geradezu ein Fachmann auf dem Gebiet des Messiasticks. Und ausgerechnet du besuchst die Christen?
Weißt du, ich hatte gerade nichts Besseres vor.
Das glaube ich nicht.
Nun ja, sage ich, es sind doch ganz nette Leute, oder?
Oder was?

Oder hältst du den Kaiser für nett? Oder die Schauspieler? Oder die Neuigkeitskrämer? Oder einen Senator?
Nein, nein, sage ich, da hast du schon recht.
Außerdem bin ich so viel allein. Es ist gar nicht so einfach, das auszuhalten.
Pilatus, antworte ich, das liegt doch nur an dir. Du mußt ein bißchen heiterer werden, schon mal ein Auge zudrücken; daß die Welt schlecht ist, weißt du doch! Warum daraus eine große Sache machen? Geh aus, amüsiere dich, du kannst die Welt nicht ändern, das kannst du mir glauben.
Du hast gut reden, sage ich. Du bist eben anders als ich. Ich möchte mich schon ändern, aber da steht ein Neuigkeitskrämer an der Ecke und behauptet: »Pilatus hat Palästina auf dem Gewissen«; der Kaiser schickt mir einen Agenten ins Haus; die Leute wollen von mir nichts wissen, denn ich habe den Dienst quittieren müssen; ich bin verhört worden, weißt du, was das heißt? Wenn ich in Zukunft ein Wort zuviel sage, werde ich entweder ausgewiesen oder einen Kopf kürzer gemacht; die Christen sagen, ich hätte ihren Messias umgebracht; meine Frau ist tot, und ich habe sie schlecht behandelt; mein Sklave macht, was er will. Verstehst du, ich habe keine Lust mehr, und wenn dann noch die Kopfschmerzen anrücken . . .
Du machst dir zu viele Gedanken, Freund. Und dich selber nimmst du zu wichtig.
Nun laß bitte diesen Unsinn, sage ich. Du weißt so gut wie ich, daß ich mich nicht wichtig nehme. Ich verbitte mir das.
Du kannst dir verbitten, was du willst, das ist deine Sache. Ich sage nur . . .
Du sagst mir: sei geschickt, stell dich nicht so an, denk weiter, mach weiter, leb weiter. Die Leier kenne ich. Ich frage nur: wie?
Bin ich du? fragte ich und ging. Mit einem solchen Kerl kann man sich eben nicht unterhalten. Wozu auch?
Also: weitermachen.

LVI

Er heißt Trajanus und war ziemlich aufdringlich. Er käme im Auftrag der christlichen Gemeinde, sagte er, ich sei ihm anver-

traut, und nun wolle er sich mit mir einmal aussprechen. Ich erwiderte, daß ich nahezu taub, eine Unterhaltung mit mir also schwierig sei, aber er meinte, auch Taube könnten Christi Wort hören. Na schön.
Ob ich Jesus kennte.
Er kam zu mir und stellte mit mir ein Verhör an. Das paßte mir nicht.
Den kannte ich sehr gut, sagte ich, ich hätte ihn nämlich zum Tode verurteilt.
Das wäre schade, meinte er.
Was wäre schade?
Daß ich das getan hätte.
Mein lieber Mann, sagte ich, du redest von Dingen, von denen du keine Ahnung hast. Bist du jemals im besetzten Palästina gewesen?
Nein. Aber Jesus war Gottes Sohn.
Hast du darüber eine Urkunde?
Nein.
Aber?
Es steht geschrieben.
Wo?
Vom Genossen Paulus.
Das interessiere mich wenig, erwiderte ich, und was jetzt komme, wisse ich bereits, denn er wolle doch sicher sagen, dieser Jesus sei der Messias gewesen; er sei für Barabbas und alle anderen Menschen gestorben, von den Toten auferstanden und dann zum Judengott in den Himmel gefahren. Oder?
So ist es.
Ob das so ist, lasse ich dahingestellt. Wenn du daran glaubst, bitte. Warum nicht? Aber was geht mich das an?
Ja, willst du denn kein Christ werden?
Wie macht man das?
Indem man die Wahrheit will.
Doch, die will ich. Aber ich finde es, mit Verlaub, ein wenig zuviel verlangt, daß ich ein Verbrechen begangen haben soll, von dem ich überhaupt nichts weiß.
Du hast ihn nicht erkannt?
Nein.
Dann bist du aber der einzige.
Der einzige? dachte ich. Erschreckend, diese Unwissenheit.

Die Leute gehen mit dem Glauben um wie ein Agent mit seinen Opfern. Der einzige? fragte ich, das sei wohl nicht ganz korrekt. Weder meine Offiziere noch irgendein Soldat noch die Priester noch der Pöbel hätten in ihm den Messias erkannt.
Das Volk habe gelitten und geweint und den Messias erwartet.
Ja, sagte ich, und den Barabbas freigeschrien.
Denn sie wußten nicht, was sie taten.
Ich hatte keine Lust mehr. Ich kann Sophistereien nicht ausstehen.
Was er von mir wünsche, fragte ich.
Ich sei ihm anvertraut.
Meinetwegen, aber was das mich anginge?
Falls die Sache so stehe, wolle er jetzt lieber gehen. Er käme in ein paar Tagen noch einmal vorbei, und ich solle mir die Sache bis dahin überlegen. Jeder Tag, den ich nicht dem »Herrn« widme, sei Zeitverschwendung. Er meine es wirklich gut mit mir.
Aufdringlich, überheblich und gegen meinen Geschmack.

LVII

Gebet am Grab meiner Frau
(aufgezeichnet und dadurch entwertet)

Blut fließt durch meinen Körper, und ich denke: warum? Es klopft ans Herz, tritt ein, geht hindurch, zieht weiter: warum? Zieht in die Füße, doch die frieren; zieht in die Hände, doch die werden krumm; zieht ins Gehirn und hämmert, setzt sich fest, und ich denke: du stierst jetzt auf das Grab, ja, sie ist tot. Hinter den Augen hocken die Tränen. Und kleben. Du machst die Augen zu und denkst. Woran? Das weißt du nicht. Das Blut zieht weiter. Der Frost packt deinen Rücken, schüttelt ihn durch und geht vorbei. Ach ja, denkst du, sie ist tot. Du stöhnst. Das Stöhnen bringt dich aus dem Konzept, du hörst den Wind, siehst Unkraut und einen Vogel. Du stöhnst noch einmal. Ja, sie ist tot. Das Blut fließt durch den Körper, klopft ans Herz, tritt ein, geht hindurch und zieht weiter; es kreist. Jetzt stehst du da und siehst den Winterhauch deines Atems. Du fragst dich: was machst du eigentlich hier? Du weißt es nicht. Zu spät. Du könntest dich bücken und Unkraut ausreißen, aber du weißt nicht, was das soll. Du könntest auch beten, aber du stehst nur herum. Was bist du eigentlich? Du bist das, was da herumsteht und denkt und starrt und in Abständen stöhnt. Du könntest denken: ich liebe sie; aber das denkst du nicht. Die Gedanken summen. Sie zittern in den Ohren, und du machst die Augen zu. Das ist alles. Sie summen. Wie Wespen ... Dann stechen sie zu, du wirst wach, siehst das Grab und denkst: ja, ja, es ist Claudias Grab. Mach dich nützlich, zieh Unkraut aus! Nein, Unkraut auszuziehen wäre zu banal. Du schweigst, siehst deinen Atem, denkst und stöhnst. Idiotisch! Idiotisch, daß alles so ist! Komm, geh nach Hause. Es ist kalt, du stehst hier doch nur herum, und vielleicht erkältest du dich. Ändern kannst du sowieso nichts mehr. Es ist aber schwer, einfach fortzugehen. Du siehst das Grab, liest die Inschrift, sagst: »Ich gehe jetzt, Claudia« und bleibst stehen. Bleib noch etwas, denkst du. Wenn du jetzt einfach gingst, würde sie das nicht verstehen. Die Erde ist hart und glitzert. Der Frost kommt wieder vorbei und schüttelt deinen Rücken. Du zitterst dir den Frost davon. Geh nach Hause und such deine Katze. Vielleicht ist sie zu Hause; sonst könntest du ja etwas lesen oder schreiben. Komm, nun geh, es hat ja doch keinen Zweck. Also? Du siehst das Grab, siehst die Inschrift und das Unkraut, holst tief Luft, um das Stöhnen abzufangen und denkst: nun sei nicht albern, geh nach Hause. Du gehst und bist zu bange, dich umzusehen. Was eigentlich hast du am Grab gemacht? Nur dagestanden.

LVIII

Ich war im Theater: nicht sehr originell, ich weiß. Aber immer wieder dasselbe zu tun: die Katze füttern, Eleazar rufen, schreiben, zum Grab gehen, lesen, mich ärgern: es hing mir zum Hals heraus. Ich dachte: Claudia ist tot; na schön, das gibt's. Cäsar wurde ermordet, Jesus gekreuzigt, Sokrates vergiftet, Cassius ist auch tot. Ich wollte nur raus, gleichgültig wohin, auf die Straße, ins Bordell, zu einem Saufgelage, nur raus.
Ich ging ins Theater. Keine rechte Freude mehr.
Natürlich haben die Schauspieler es nicht einfach; die Konkur-

renz ist groß. Das Volk sieht lieber Gladiatoren- und Zirkusspiele, Tierhetzen oder Naumachien, und die graben dem Theater das Wasser ab. Die Schauspieler wehren sich. Man sollte nun meinen, der beste Weg dazu wäre, sich auf die Dichtung zurückzuziehen und sich, soweit wie möglich, von den Volksbelustigungen zu distanzieren. Was aber tut das Theater? Das genaue Gegenteil. Auf niedrigste, schlüpfrigste Art versucht es, die Volksbelustiger noch zu überbieten.

Es gelang mir beim besten Willen nicht, das Stück zu kapieren; sicherlich kein Nachteil. Titel: »Landleben«; Personen: eine Ziege, ein Schwein, eine Kuh, der Götterbote und ein junges Mädchen. Den Namen des Verfassers habe ich vergessen.

Was geschieht? Ein Mädchen sucht einen Mann. Es freundet sich zunächst mit einer Kuh an, merkt aber bald, daß die Kuh lesbisch ist. Es zieht weiter, begegnet einem Eber, der es vergewaltigt; das gefällt ihm nicht. Was tun? Weiterziehen. Es trifft eine Ziege, ist rührend in sie verliebt, doch die Ziege will von Liebe nichts wissen. Endlich kommt der Götterbote, erklärt dem Mädchen, wie kompliziert das Liebesleben ist, und bietet ihm an, die Frau eines Gottes zu werden. Nach soviel Enttäuschung ist das Mädchen überglücklich. Die Hochzeit findet statt, das Mädchen hat einen Mann, einen Gott; was will es mehr? In der dritten Nacht stellt sich heraus, daß der Gott impotent ist.

Ich weiß nicht, ob ich den Inhalt ganz richtig wiedergebe; viel anders aber kann der Schmarren nicht gewesen sein.

Im zweiten Stück trat ein Mime auf, der den Tod des Laureolus nachahmte. Er ließ sich von der Leibwache des Caligula ans Kreuz schlagen, und als aus seinen Händen, durch irgendeinen Trick, unheimlich viel Blut floß, wollten sich die Leute totlachen; vom Kreuz herab rülpste der Schauspieler gepfefferte Zoten ins Parkett. Um ihn herum standen ein paar nackte Schauspielerinnen. Sie sangen, tanzten, bekamen Krach untereinander und rissen sich die Haare aus. Rasender Beifall. Nicht wahr, das muß man doch gesehen haben?

Der Kaiser sagte kürzlich, die Schauspieler seien eine »Erfindung böser Geister«. So sagt er und sitzt bei jedem Schauspiel dabei und glotzt. Auch ihn kitzelt es. Auch er will es gesehen haben.

Die Obrigkeit soll göttlicher Wille sein? Pah!

Fast muß man den Christen dankbar sein, daß sie so etwas ablehnen. Sie erreichen natürlich nichts. Wenn ein großes Theaterereignis stattfindet, können sie ihren Laden zumachen; dann sitzen auch die Christen im Theater. Die Sinne der Leute sind eben stärker als ihr Messiasglaube.
Wovon die Theaterautoren, die heute in Rom leben, eigentlich existieren, ist mir nicht klar. Gewiß, sie lassen ihre Stücke vorlesen, und man weiß: es gibt Theaterautoren. Gibt es sie aber ohne das Theater wirklich?

LIX

Latrinen

Ich muß mich berichtigen. Auf einem der Fragebogen, die mir während meines Verhörs vorgelegt wurden, habe ich bemerkt, es sei vielleicht angebracht, in Rom einige weitere Bedürfnisanstalten einzurichten.
Inzwischen habe ich diese Meinung revidiert.
Ich war in der Stadt, habe einige Tempel und Gemäldeausstellungen besucht, war bei den Gräbern und in allen möglichen Parks und muß feststellen: *Das Latrinenwesen Roms ist schlechthin vorzüglich organisiert.*
In Rom gibt es weit mehr Bedürfnisanstalten, als nach menschlichem Ermessen Bedürfnisse da sind. Diese Tatsache spricht für die Sauberkeit unseres Staates und gegen alle, die von Korruption reden. An der A.-Mauer zählte ich 116 Abtritte, wovon 17 besetzt waren, und wenn ich auch den Eindruck hatte, daß sie nicht nur im Sinne ihres eigentlichen Zwecks benutzt werden, steht hier doch die Absicht für die Tat. Zudem funktioniert unser Kloakensystem tadellos. Die Spülung ist, sowohl bei privaten als bei öffentlichen Anlagen, einwandfrei. Rom atmet, entgegen aller Kritik, einwandfreie Luft, und wer keine abnorme Blase hat, kann jederzeit und jeden Orts seine Bedürfnisse loswerden.
Der Theaterlokus liegt allerdings etwas abgelegen, zudem unter der Erde, auch steht vor der Tür eine Dirne. Diese Dirne braucht jedoch nicht benutzt zu werden. Aber dafür kann der Staat natürlich nichts.*

* Sollte der Gouverneur a. D. das ironisch meinen? Mir nicht ganz klar. N.

LX

Leider komme ich wieder auf die Christen zurück. Was die Leute wollen, gefällt mir; sie sind in unserer Zeit die einzige interessante Bewegung. Sie leben zurückgezogen, machen nicht viel Aufhebens von sich und sind, obwohl sie zumeist aus einfachen Verhältnissen kommen, ohne militärische Mittel zu bändigen. Woran sie eigentlich glauben, ist mir freilich nicht ganz klar. Ihr Gott muß eher zornig sein als gütig, denn sie haben mehr Angst vor ihm, als daß sie sich an ihm erfreuen. Bezeichnend für sie, daß sie den Unsterblichkeitsglauben der Griechen übernommen haben. Über den Tod haben sie allerdings eine seltsame Ansicht entwickelt; während Sokrates meinte, der Tod könne nichts Böses sein (was mir einleuchtet), behaupten sie, nach dem Tode fange das Leben erst wirklich an. Für Sklaven wie Eleazar eine klare Sache. Er fragt sich: was habe ich vom Leben gehabt? Nichts. Das heißt: Ärger, Schläge, Langeweile. Also glaubt er, das könne nicht mit rechten Dingen zugehen; denn andere Sklaven werden freigelassen, andere Menschen leben in Reichtum. Woran glaubt er somit? Ganz einfach: an seine Chance nach dem Tod.
Wie aber, zum Teufel, macht man das, daran zu glauben? Das bleibt mir ein Rätsel. Den Barabbas verstehe ich. Er sollte gekreuzigt werden, weil er ein Verbrecher war; er selber bestreitet das zwar, aber nach römischem Recht war er einer. Nun kommt ein anderer und stirbt für ihn, und als Barabbas das mit ansieht, kommen ihm die Tränen. Er weiß, daß dieser Jesus unschuldig ist; er steht unter den Zuschauern am Kreuz, sieht den sterbenden Blick, das dünne Blut und die trockenen Lippen; der Kerl am Kreuz tut ihm leid; eigentlich müßte ich da hängen, denkt er, mein Gott, was habe ich getan? Und einen, der neben ihm steht, fragt er:
Du, kennst du den?
Ja, sagt der, das ist Jesus – Jesus von Nazareth.
Was hat er getan? Warum hat man ihn gekreuzigt?
Ja, sagt der andere, er stirbt für Barabbas, den Rebellenführer. Weißt du das nicht?
Ja, antwortet Barabbas rasch, von dem habe ich gehört.
Und Jesus ist der Messias.
Glaubst du das wirklich?

Zuerst wollte ich es auch nicht glauben. Aber er hat seinen Tod vorausgesagt. Er hat auch vorausgesagt, daß er von den Toten auferstehen wird. Und da er schon viele Wunder getan hat, wirst du sehen, daß er wieder lebendig wird. Und dann hast du den Beweis seiner Messiasität.
Darüber ist Barabbas sprachlos. Er sieht den sterbenden Jesus, sieht den vornübergefallenen Kopf, das Blut, die fragenden Augen, die Dornenkrone; mit offenem Mund sieht er den Jesus unentwegt an; die Gedanken rennen durcheinander, er begreift das alles nicht, weiß nicht, was er davon halten soll, er schluckt, staunt, und da sagt der andere:
Nun ist er gestorben.
Der andere geht fort. Barabbas steht noch immer da. Jetzt bekam er es mit der Angst. Er lief in den Tempel, zu den Christen, fragte sie aus; lief am dritten Tag ans Grab, traf Leute, die von einem Wunder dieses Jesus berichteten, hörte sich überall um . . . und begann zu glauben.
Das ist eine klare Situation; ich gebe dem Barabbas nicht recht, aber ich kann ihn verstehen.
Warum aber sollte ich glauben? Nur weil ich den Kaiser
. . . .
. . . .
. . . .* Wäre das ein Grund?
Wenn wir ein paar Jahre weiter sind und das erste Gras über die Legende vom »Gottessohn« Jesus gewachsen ist, werden auch die Christen, falls es sie dann noch gibt, ihre Kinderkrankheiten überwunden haben und zu klareren Vorstellungen gekommen sein.

LXI

Das Bandenwesen

Einer meiner besten Leute, der Offizier L., war eines Tages verschwunden. Er gehörte zu meiner Truppe in Caesarea, und ich brauchte ihn in besonders wichtigen Fällen als Melder. Es gibt kaum einen Zweifel, daß er Banditen in die Hände fiel und

* Von mir, wegen des majestätsbeleidigenden Charakters, unlesbar gemacht. N.

von ihnen verschleppt oder ermordet wurde. Auf jeden Fall fehlte er eines Tages, und von den Rationen blieb eine übrig. Rom wollte über alles Meldung. Wie aber sieht eine Meldung aus, in der steht, daß ein Offizier plötzlich nicht mehr vorhanden ist und niemand weiß, wo er sich befindet?
Natürlich hätte ich die Wahrheit melden können, nämlich:

Seit acht Tagen wird der Offizier L. vermißt. Er hatte den Auftrag, dem Präfekten Burrus eine Eilmeldung zu überbringen. Der Offizier L. kam nie in Jerusalem an. Ich melde ihn als vermißt, doch ist anzunehmen, daß er ein Opfer der Banditen wurde.
Das wäre die Wahrheit gewesen. Aber Wahrheit hin oder her: für Rom ist das keine »Meldung«. Rom will Klarheit und würde zurückgefragt haben:
Bestätigen Meldung Offizier L. Wo ist L.? Befehlen, Banditen ab sofort systematisch auszurotten. Erbitten Bestätigung.
Um diesem Quatsch zu entgehen, meldete ich nach Rom:

Offizier L. einem Fieber erlegen. Er starb in treuer Pflichterfüllung für Kaiser und Rom. Werden stets ehrendes Andenken bewahren.

Und Rom antwortete:

Heil dem Offizier L. Er wird als Held in die Geschichte eingehen.
Daß er einging, ist klar; nur nicht in die Geschichte. Kein Hahn kräht heute mehr nach ihm. Er krepierte an Fußtritten, am Durst oder an irgendeiner anderen Marter. Vielleicht haben ihn auch die Hunde gefressen.
Für eine »Meldung« sind solche Fakten natürlich nicht brauchbar. Ein Offizier, über den ausgehungerte Hunde herfallen, ist undenkbar; er existiert nicht für Rom. Also ließen wir ihn fieberkrank in unseren tröstenden Armen versterben. Er selbst wird uns diese Lüge nicht übelnehmen, er kannte den Betrieb ja. Jedenfalls paßt die Falschmeldung dem Kaiser in seinen Kram, die Frau des Offiziers L. glaubt weiterhin an das römische Imperium, und bis auf L. selbst schwelgen alle im Rausch der stolzen Trauer. Aber L. ist tot und wird, aller

Voraussicht nach, den Mund nicht mehr auftun.
Manchmal schwer, sachlich zu bleiben. Ich wollte über das Bandenwesen schreiben. Es gab:

a) Private Räuber, alias gewöhnliche Verbrecher

Feige, ohne den Mut zum überlegten Mord. Dumm. Einzige Angst: entdeckt zu werden. Nicht organisiert. Ganoven, die ihr Handwerk nicht auf dem Umweg übers modische Heiratsbüro betreiben, sondern noch auf althergebrachte Art. Unterwelt.

b) Stammesräuber

Halb Krieger, halb Banditen. Ohne Zucht. Alle, die nicht zu ihrem Stamm gehören, werden ausgeplündert. Mord selten.

c) Söldnerbanden

Gemietete Leute. Sie werden vom Stamm bezahlt und verpflegt; brauchen nicht zu arbeiten. Jederzeit einsatzbereit; ihre Provision: die Beute. Sie kämpfen für Hinz und Kunz und sind treu dem, der am meisten zahlt. Feige. (Was man für Geld tut, macht immer feige.)

d) Bandenkämpfer

Partei; gegen Rom. Bellus injustus. Nationalistisch bis in die Knochen, ohne jede Hemmung und politisch geschult. Gefährlich, weil fanatisiert; weniger Räuber als verstockte Idealisten. Sie hassen einen harmlosen römischen Kurier mehr als den Teufel.

Rom befahl: *Die Banden sind auszurotten.*
Ich meldete: *Ausrottung nahezu gelungen. Palästina mit jedem Tag römerfreundlicher.*
Kein Wort wahr natürlich.

LXII

Besuch von Trajanus. Die Christen sind anscheinend hartnäckig. Er hat ein rundes, rosiges Gesicht, kurze, aufgeschwemmte Hände und ist stets vergnügt. Er wollte mir vorlesen. Dieser Folter habe ich mich natürlich nicht erst ausgesetzt.
Ich bin taub, sagte ich.
Ob ich es denn selber lesen wolle?
Dagegen hätte ich nichts. Er solle mir das Schriftstück nur dalassen, ich würde es gelegentlich lesen.
Es werde mir viel geben.
Schon möglich, sagte ich.
Ich könne darin den rechten Glauben und den wahren Gott finden.
Aha.
Es werde meinen Geist erbauen, meine Seele erfreuen und mir neue Hoffnung geben.
Wunderbar.
Gott sei nämlich gnädig.
Natürlich, sagte ich, und um der Sache ein Ende zu machen, beteuerte ich meine Dankbarkeit und fragte, wie es der Gemeinde gehe.
Danke, gut. Wann ich wieder einmal zu ihnen käme?
Wieso?
Nun, ich hätte doch bei ihnen die Worte des Paulus gehört. Gottes Stimme vernommen, Eleazar halte mich für einen redlichen Menschen . . .
Es freue mich aufrichtig, daß sie der Meinung meines Sklaven soviel Bedeutung beimäßen.
Ob mich die Worte des Paulus denn nicht beeindruckt hätten?
Ob ich noch an die heidnischen Götter glaubte?
Nein.
Dann stünde doch nichts mehr im Weg, dann könne ich doch ein Christ werden; die Gemeinde werde sich sehr darüber freuen.
Vielleicht. Aber ich glaubte nicht an seinen Gott.
Warum denn nicht?
Warum sollte ich es denn?
Weil er wahrhaftig sei und sich den Menschen offenbart habe.
Welchen Menschen?

Allen.
Davon hätte ich bisher nichts bemerkt.
Ich stünde mir selber im Weg, meinte er.
Ich fragte ihn, ob er etwas trinken wolle; er lehnte ab. Ich selber trank natürlich.
Mir selber im Wege stehen? fragte ich. Klar! Wer sollte mir denn sonst im Wege stehen?
Jesus.
Was er denn von diesem Jesus wisse? Er möchte doch bitte bei sich und seinesgleichen bleiben und sich nicht immer auf Jesus berufen; das passe mir nicht.
Warum ich schroff zu ihm sei?
Warum? Weil er sich in Dinge einmische, von denen er keine Ahnung habe.
Aber Jesus sei Gottes Sohn.
Gottes Sohn? fragte ich. So etwas sagen die Burschen einem glatt ins Gesicht. Dann also hätte ich Gottes Sohn ans Kreuz schlagen lassen, wie?
Gott habe mir inzwischen verziehen, meinte er.
Das verschlug mir die Sprache. Ich bat ihn zu gehen.
Das mache ich nicht mit. Ich trank, fluchte, rief nach Eleazar, suchte meine Katze, setzte mich zu ihr auf die Erde und sagte:
Liebe Katze,
ich habe Gottes Sohn umgebracht. Wenn du noch einen Funken Anstand hast, so steh auf und verlasse mein Haus.
Sie rührte sich nicht. Sie machte das eine Auge ganz, das andere halb zu und schnurrte.
Du schnurrst, sagte ich. Das solltest du nicht tun. Du solltest Angst vor mir haben und vor mir davonlaufen, hörst du?
Sie schnurrte und sah mich mit halbem Auge an.
Auch kein Christ! dachte ich, stand auf, trank Wein und schlief.

LXIII

Zweite Ansprache an meine Katze

Liebe Katze,
du bist mir zugelaufen, weil du Hunger hattest. Du warst

räudig, und deine Seele sah verprügelt aus. Ich gebe dir zu fressen, behandle dich einigermaßen anständig, und dein Fell ist nicht mehr so schäbig wie zu Anfang. Du nimmst das hin. Du leckst mir nicht die Hände, weil ich dich füttere, das fällt dir nicht ein. Obwohl ich dich noch nie geschlagen habe, weichst du mir aus, und nächtelang bleibst du fort. Du denkst: was geht mich der Kerl an, der mir zu fressen gibt? Und weil du so denkst, mag ich dich.

Liebe Katze, ich habe manchmal Kopfschmerzen; manchmal trinke ich, und manchmal denke ich an meine tote Frau. Ich mache mir viel Gedanken. Bei mir besteht so ein Tag aus einer Handvoll Warums.

Du würdest das albern finden, und eben deshalb mag ich dich. Du fängst eine Maus, spielst mit ihr, beißt sie tot, frißt sie auf. Dann legst du dich neben die Heizung, schnurrst und denkst: den Tag habe ich mir verdient. Vielleicht hattest du einen Freund, und der hat dich verlassen; gut, denkst du, suche ich mir eben einen neuen. Oder du hast Kinder, und wenn sie die erste Maus gefangen haben, sagst du zu ihnen: nun seid ihr alt genug; schlagt euch allein durchs Leben und seht zu, wie ihr fertig werdet; alles Gute! Oder du siehst eine Fliege: sie summt dir um den Kopf, du schlägst nach ihr, bekommst sie aber nicht; und du denkst: ich bekomme sie doch nicht; sie will mich nur verrückt machen; mag sie summen, ich lege mich jetzt hin, schlafe und schnurre. Oder du merkst, daß du sterben mußt, daß alles aus ist und nichts mehr kommt – es sei denn, es käme doch noch was, aber damit hältst du dich nicht auf; wozu Spekulationen? –, dann schleppst du dich in eine dunkle Ecke, legst dich, so gut es geht, auf die Seite, streckst die Pfoten von dir, atmest etwas langsamer, läßt es schließlich ganz sein und bist tot. Das gefällt mir.

Liebe Katze, wenn ich mich mit dir unterhalten könnte – du stumm und ich taub, beinahe ideal! –, würde ich sagen:

Na, du Faulpelz, wie fühlst du dich?

Laß mich in Ruh; ich will schlafen.

So, du willst schlafen? Aber ich will mich mit dir unterhalten.

Das kann ja sein, aber was geht das mich an? Laß mich bitte in Ruh.

Sei doch nicht so! Schließlich bin ich immer gut zu dir gewesen, das mußt du doch zugeben . . .

Ich gebe nichts zu.
Du streitest es ab?
Du lieber Himmel, wer hat das denn behauptet? Redest du immer so? Ich sage doch nur, daß ich meine Ruhe haben will und im Augenblick keine Lust habe, mich mit dir in ein Gespräch einzulassen. Wenn du das nicht verstehst, kannst du mir gestohlen bleiben.
Du bist wohl nicht ganz bei Trost, sage ich. Was fällt dir eigentlich ein? Wie redest du mit mir?
Hast du mich nicht verstanden? Ich möchte in Ruhe gelassen werden.
Nun hör mal gut zu.
Auch das noch . . .
Nicht: *Auch das noch!* Solche Redewendungen kannst du dir ruhig sparen. Ich muß schon sagen, dein Benehmen ist mehr als unverschämt.
Die Leier kenne ich. Weil du gerade Lust hast, mit mir zu plaudern, soll ich auf meinen Schlaf verzichten. Wofür hältst du mich eigentlich?
Für eine Katze.
Sieh mal an! Du weißt das? Du gehst nämlich mit mir um wie mit einem Schuh oder einem Sträfling oder deiner toten Frau.
Was hat meine Frau damit zu tun?
Ich sag es ja nur.
Das verbitte ich mir.
Von mir aus!
Sie schielt mich mit einem Auge kurz an, macht es dann gelangweilt zu, und ich fühle, wie sie denkt: nun hau schon ab!
Du bist reichlich unverschämt, sage ich.
Darauf reagiert sie gar nicht.
Ich klopfe ihr so lange auf die Nase, bis sie sich bequemt, ein Auge zu öffnen, und sage noch einmal:
Du bist reichlich unverschämt; hast du nicht gehört?
Was sagst du?
Bin ich taub oder du? Ich sage, daß du reichlich unverschämt bist.
Ja, und?
Das ist dir wohl gleichgültig?
Dachtest du vielleicht, ich machte mir irgend etwas daraus? Ich

muß schon sagen, du bist ziemlich naiv. Das ist doch nicht die Möglichkeit! Willst du jetzt endlich ...
Ja, ja. Ich stehe ja schon auf, beruhige dich. Aber wenn du es nicht gar zu eilig hast, mich loszuwerden, laß mich wenigstens erst zu mir kommen. Das ist ja schrecklich mit dir! Du willst dich unterhalten, weckst mich auf, redest nur Unsinn, nimmst nicht die geringste Rücksicht auf mich – und wenn ich dir sage, es passe mir im Augenblick nicht, wirst du grob und gewalttätig. Mein Gott, bist du schrecklich.
Ich habe sonst niemanden, sage ich. Aber wenn du schlafen willst, bitte; ich laß dich in Ruh.
Jetzt bin ich sowieso wach, sagt sie. Wozu also der ganze Unsinn?
Sie streckt sich, macht einen Buckel, denkt, ich sei ein blöder, alter Kerl, geht weg und läßt mich allein.
Natürlich könnte ich sie einsperren. Aber dann wäre es ganz aus mit uns.

LXIV

In einem westlichen Stadtteil hat es vergangene Nacht gebrannt. Eleazar sagt, über siebzig Häuser lägen in Schutt und Asche. Da aber weder ein Freund des Kaisers noch ein Gladiatorenkämpfer dabei umgekommen sind, wird die Sache offiziell totgeschwiegen; die paar Häuser werden »schöner denn je« wieder aufgebaut werden. Damit ist der Fall erledigt. Tote? Vielleicht vierhundert. Ob die fehlen oder nicht, fällt gar nicht auf in Rom.
Ich ging zum Tiber, sah in die Wellen, setzte mich auf einen Stein und ... Und? Nichts. Ich dachte. Woran? An Claudia natürlich. Sonst? Die Gedanken springen, wenn man die Wellen sieht. Die Gedanken denken an Claudia, ans Meer, an ein Gesicht aus Palästina (Burrus) und dann eine Weile an gar nichts. Dann wieder an Claudia, an ihr verweintes Gesicht, an einen Wutanfall, an ihre Todesnacht ... Daran will ich aber nicht denken. Die Gedanken springen weiter: zu Eleazar, Cassius, Stephanio, einem betrunkenen Soldaten im Park von Caesarea (wieso erinnert man sich überhaupt an derart flüchtige Bekanntschaften?), zu meinem Vater, und der schimpft

mit mir; zu einem Knaben, den ich bei Cassius gesehen habe, ein kleiner, schwarzhaariger Kerl, der nicht wußte, was er sang; dann zu einem Nachtritt von Jerusalem nach Caesarea; ich hatte Angst, redete mir ein, Banditen überfielen uns, und ich hatte nur ein Ziel, mir die Angst nicht anmerken zu lassen. Und dann sah ich wieder in die Wellen, fror und stand auf.

Kurz nachdem wir uns kennengelernt hatten, bin ich einmal mit Claudia am Tiber gewesen. Es war Sommer, und wir suchten einen Platz am Ufer, wo wir allein waren. Das Ufer war steinig, voller Schilf und zahlloser Mücken.

Hier gefällt's mir, sagte ich.

Es gefiel mir gar nicht; der Fluß war viel zu reißend, darin baden zu können, und rund herum waren Schilf und allerhand schmutziges Gestrüpp.

Hier gefällt's dir? sagte sie.

Ja.

Ich dachte, daß wir nun endlich allein wären, ohne Lauscher, Beobachter, Aufpasser, und sagte:

Doch, hier gefällt's mir.

Na schön, sagte sie. Und die Steine?

Ich warf sie ins Wasser, einen nach dem anderen, baute uns einen Platz, wo wir liegen konnten, und als wir eine Weile nebeneinander gelegen hatten, nahm ich ihre Hand. Wir sahen in den Himmel und hörten das Wasser. Die Sonne war heiß.

Es ist heiß, sagte Claudia.

Nicht wahr? sagte ich. Ich hatte sie lieb. Sie stand auf.

Was machst du?

Es ist mir zu warm, ich ziehe mich aus.

Gut, sagte ich.

Wir gingen zurück ins Gestrüpp und legten unsere Kleider ab. Ich war längst fertig damit, aber ich wartete.

Wo steckst du denn? rief sie.

Sie lag am Ufer, war nackt, hatte die Hände unter dem Kopf liegen und die Augen geschlossen. Ich sah sie an. Sie ist schön, dachte ich.

Was machst du denn? rief sie.

Nichts, sagte ich und ging hinter ihr vorbei. Ich werde ein paar Steine suchen, sagte ich.

Ist es nicht herrlich hier?

Doch.

Ich suchte Steine. Ich dachte nur an Claudia. Ich lief am Ufer entlang, hob Steine auf, warf sie ins Wasser und sah ihnen nach. Ich wußte, daß ich Claudia jetzt nicht zu nahe kommen durfte; dafür war sie zu schön.
Was machst du denn? rief sie zu mir herüber.
Ich gab keine Antwort.
Sie richtete sich auf; ihre Brüste wurden runder dabei. Warum sitzt du denn so weit fort? fragte sie.
Nur so.
Sie stand auf, kam zu mir, beugte sich über mich; ich sah ihre Brüste, ihre Haare, und sie sagte:
Was ist mit dir?
Nichts, sagte ich. Wollen wir jetzt gehen?
Sie verstand mich nicht. Wenn du willst, sagte sie.
Auf dem Nachhauseweg schwiegen wir. Bis sie sagte: Magst du mich nicht mehr?
Doch, sagte ich, sehr.
Aber? . . .

Was heißt da: aber?
Sie ist tot.

LXV

Allmählich hängt mir das zum Hals heraus. Da kommen ein Barabbas, ein Trajanus, irgendeine Putzfrau, irgendein Offizier an und sagen:
»Pilatus, du bist doch in Palästina gewesen; dieser Jesus soll doch ein Gottessohn gewesen sein; wie steht's damit?«
Das bin ich jetzt satt. Ich habe mich der Mühe unterzogen, meine Notizen, Briefe, Berichte und Meldungen hervorzukramen, und wenn ich den Fall auch nicht mehr exakt rekonstruieren kann – wo käme man hin, wollte man über jeden Aufsässigen Kartei führen? –, will ich doch versuchen, ihn so gut es geht wiederzugeben:

Abrechnung mit Jesus

Zuvor: an diesem Menschen war nichts Besonderes. Er sah aus

wie irgendwer. Natürlich war er unschuldig. In dieser Hinsicht will ich mich gar nicht erst verteidigen. Ich stelle nur fest:
1.) Im Falle eines Freispruchs hätten mich die Politiker des Landes aufs neue in Rom denunziert. Ich hatte Beweise dafür, daß sie beim Kaiser vorstellig werden wollten mit der Begründung, ich habe *schon wieder* ein kaiserliches Gebot mißachtet. Kurios dabei: sie wollten mich der »Majestätsbeleidigung« bezichtigen.
2.) Der Kaiser verstand sein Handwerk nicht. Er erließ Verordnungen, die undurchführbar waren. Wenn er befahl: *So wird's gemacht,* bedeutete das zumeist: *So geht's nicht.*
3.) Nicht ich habe den Prozeß gewollt, sondern die maßgeblichen Leute des Landes. Noch viel weniger wollte ich den Jesus verurteilen.
4.) Der Nazarener machte mir die Prozeßführung schwer. Er hatte keine Lebensart. Auf die Frage: »Willst du einen Schluck Wasser?«, antwortete er: »Mich dürstet nicht«, und auf die Bemerkung, ob ich etwas für ihn tun könne, erwiderte er, man könne nichts für ihn tun.
Wenn einer sterben *will,* muß er es eben.
5.) Meine Dienstvorschrift war klar: ich hatte den Vorfall nach Rom zu melden, und das habe ich getan. Rom hat keinerlei Beanstandungen.
6.) Der Prozeß war nicht nur politischer Art, er hatte religiöse Hintergründe. Den Priestern, vor allem den Wortführern Annas und Kaiphas, war dieser »Messias« unbequem; er hatte nicht den notwendigen Respekt vor ihnen.
Aus diesem Grunde versuchte ich von Anfang an, den Fall Jesus von der politischen auf die religiöse Ebene zu schieben. Religiöse Gebräuche, soweit sie nicht in meinen politischen, juristischen oder verwaltungstechnischen Amtsbereich fielen, gingen mich nichts an. Ob die Juden an einen Gott, einen Hund oder einen achtschwänzigen Affen glaubten, war mir gleichgültig, solange sie damit nicht die Staatsidee gefährdeten.
7.) Mein Versuch mißlang. Die Ankläger waren hartnäckig. Ich fragte: »Was hat er getan? Ist er kriminell«, und sie antworteten: »Ja, er hetzt das Volk auf, keine Steuern zu zahlen.«
»Davon weiß ich nichts«, sagte ich, »aber wenn ihr ihn anklagt, müßt ihr wissen, warum. Welchen Verbrechens beschuldigt ihr ihn?«

Sie antworteten, sie seien ehrenwerte Leute, und wenn der Jesus kein Verbrecher wäre, würden sie ihn auch nicht anklagen.
Darauf ließ ich mich nicht ein. Ich kenne Kaiphas und Konsorten. »Wenn er etwas getan hat, das euch nicht paßt«, sagte ich, »so nehmt ihn und verurteilt ihn nach eurem Gesetz. Mich geht die Sache gar nichts an.«
8.) Auf diesen Vorschlag gingen sie zunächst ein, aber nur, wie sich später herausstellte, um ihre Verhandlungstaktik aufeinander abzustimmen.
Als sie wiederkamen, erklärten sie, sie hätten einen Kapitalverbrecher; sie wußten genau, daß ich nicht befugt war, Kapitalverbrecher abzuweisen. Nun hatte ich aber von meinen Chiliarchen genaue Meldung; ich wußte, daß Jesus weder Aufstand noch Verweigerung der Steuern wollte. Er war harmlos. Deshalb fragte ich ihn, ob er der Messias sei.
Ob ich das von mir selber wisse oder ob andere es mir gesagt hätten? fragte er.
Man antwortet einem Gouverneur nicht mit einer Gegenfrage. Trotzdem sagte ich: »Das Synedrium hat dich verurteilt. Es klagt dich jetzt vor einem römischen Gericht erneut an. Ich gebe dir Gelegenheit, dich zu verteidigen, und ich frage dich: bist du der Messias?«
Ja, sagte er, er sei es. Er sei in die Welt gekommen, die Wahrheit zu verkünden, und jeder, der die Wahrheit wolle, höre seine Stimme.
Das freute mich; denn das ging mich nichts an. Wahrheit? Was ist Wahrheit? Ich ging hinaus zu den Anklägern und sagte, dieser Jesus wolle keine Rebellion, seine Ziele seien religiöser Art, und das ginge mich nichts an; sie sollten ihn nur wieder mitnehmen.
9.) Sie blieben hartnäckig und ließen sich nicht abweisen. Ihre Argumente wurden immer fadenscheiniger. Ich ließ mich jedoch nicht beirren. In dem Hin und Her der Verhandlung fiel nun ein Satz, der mir gerade recht kam; einer der Ankläger rief mir zu, Jesus stamme aus Galiläa, und von dort seien bisher alle Revolutionäre gekommen. Ich griff die Bemerkung sofort auf und erkärte, dann sei nicht ich zuständig, sondern Herodes. Sie sollten ihn zu Herodes bringen, mich ginge die Sache nichts an.

Mit solchen Marotten seine Zeit zu verbringen, ist ein Zeichen von Senilität.

LXVI

Auf der Straße ein Betrunkener.
Auch seine Kumpel haben gesoffen; er aber am meisten. Er will schlagen.
Ich sehe zu.
Sie fassen ihn, bändigen ihn, reden auf ihn ein; er will weiterschlagen. Eine alte Frau geht auf ihn zu, spricht mit ihm wie mit einem kleinen Kind, streichelt ihm die Backe, und in diesem Augenblick schlägt er ihr ins Gesicht.
Einer schreit: aber du kannst doch deine Mutter nicht schlagen!
Was? gröhlt der Bursche, was kann ich nicht? Ich kann noch viel mehr . . . Er versucht, sich loszureißen.
Die anderen bändigen ihn wieder. Er schreit, flucht, ballt die Fäuste, tritt um sich.
Die Mutter wendet sich ab, lehnt sich an die Wand einer Hausnische und weint.
Traurig, denke ich, nehme meinen Becher, schenke mir ein und trinke.
Ich habe keine Mutter mehr.
Hätte ich noch eine, würde ich denken: trink, sie ist ja noch da.
Jetzt habe ich niemanden mehr und denke: trink, sie sind ja doch tot.
Immer dasselbe.

LXVII

Abrechnung (Fortsetzung)

10.) Herodes dachte nicht daran, den Jesus zu verurteilen. Im Gegenteil, ihm machte es Spaß, daß die Hohenpriester eine solche Wut auf diesen Mann hatten.
Sie schleppten ihn also wieder zu mir.

Eigentlich trostlos, daß niemand die Verantwortung übernehmen will. Jeder schiebt sie auf den anderen. Nun gut, dieser Jesus war ein unbequemer Mann, aber sollte man ihn deshalb ans Kreuz schlagen? Wo kämen wir da hin? Den Pharisäern war er unangenehm, weil er ihnen zu mächtig geworden war. Sie spürten die Konkurrenz. Sie spürten, daß dieser Mann von seinem Gott sprach, weil er an seinen Gott glaubte, und sie glaubten allenfalls an: Positionen, Macht, Popularität.
Die Freiheitskämpfer mochten ihn auch nicht. Hatten sie zunächst angenommen, sie könnten ihn zu ihrem Führer machen, mußten sie später einsehen, daß er dazu nicht das geringste Talent besaß. Die Freiheitskämpfer wollten, er solle behaupten, Rom und unsere Herrschaft seien gegen seinen göttlichen Auftrag; das aber behauptete er gerade nicht, er hatte seinen eigenen Kopf. Da wurden auch sie böse auf ihn und waren dafür, ihn zu beseitigen.
Aber seinen Tod verantworten, das wollten sie alle nicht; dazu waren sie alle zu feige.
Hat meine Katze Gift gefressen? Sie schläft, aber sie windet sich und hat offenbar Schmerzen.

LXVIII

Kopfschmerzen. 36 Stunden hintereinander.
Gelegen, geschlafen, gegrübelt, spintisiert.
Gegen die Möglichkeit des Selbstmords spricht bei mir die Überlegung, daß dann jemand meine Sachen forträumen muß, das letzte Wort. Doch wohl eine Zumutung.

LXIX

Bei den Christen.
T. begrüßte mich wie einen alten Bekannten, sagte, er freue sich, mich wiederzusehen, und zu Ehren Gottes könne man nicht genug tun.
Der Ablauf war wie immer. Sie saßen traurig da und hörten sich den Vortrag an. Ich verstand natürlich nichts. Aber ich fühlte mich beobachtet. Die Leute warfen verstohlene Blicke

zu mir herüber, redeten über mich, und als einer, der sich unbeobachtet glaubte, mit dem Finger auf mich zeigte, wurde das Gesicht seines Gesprächspartners totweiß. Was mag in den Gehirnen dieser Menschen vorgehen? Halten sie mich allen Ernstes für einen Gottesmörder? Sind sie nicht ganz bei Trost? Und wenn sie tatsächlich eine derartige fixe Idee haben, warum bemühen sie sich um mich, anstatt mir das Haus zu verbieten? Sind sie dazu zu feige? Zu raffiniert?

Hättest du dich nur nicht beschwatzen lassen herzukommen, dachte ich und fluchte auf Eleazar.

Neben mir Sklaven. Die Zeiten ändern sich. Auch sie kannten mich sehr gut, ließen es sich aber nicht anmerken; sie hatten große Scheu, mir zu nahe zu kommen, schielten auf meine Hände (dachten sie, es wäre Blut daran?), warfen ab und zu einen Blick auf mein Gesicht, aber sobald ich sie ansah, taten sie, als hörten sie andächtig zu. Sie konnten sich recht gut verstellen, und das ärgerte mich. Ich schloß die Augen: dunkel, taub. Ich dachte an Claudia. Ich hatte ihr versprechen müssen, den Jesus nicht zu verurteilen, und habe es dann doch getan. Sie hatte einen häßlichen Traum gehabt, in dem dieser Mensch vorkam, weinte den ganzen Tag und bat mich immer wieder, ihn nicht zu verurteilen. Das versprach ich ihr. Es war stets das gleiche: ließ ich sie in Caesarea allein, war sie ängstlich, verstört, schlief nicht, weinte, und wenn ich zurückkam, hatte ich große Mühe, sie zu beruhigen. Nahm ich sie dagegen mit, bekam sie Heimweh: Heimweh nach Caesarea, nach dem Meer, nach Rom, nach allem. Sie mußte stets alles bei sich haben; nichts durfte verändert werden. Wenn ein Sklave einen Krug zerbrach, trauerte sie ihm monatelang nach, und den Sklaven sah sie nie mehr an. So ähnlich war ihr Heimweh: nach einem Krug, einem Schmuckstück, einem Baum. In der Antonia hat sie sich nie wohlgefühlt; sie bekäme keine Luft dort, sagte sie. Als ich das Urteil gesprochen hatte, weinte sie, bezichtigte mich des Wortbruchs und verlangte, sofort nach Caesarea zurückzukehren. In Caesarea ging es weiter. Ich sagte, mir sei gar keine andere Wahl geblieben, ich hätte alles versucht, und sie entgegnete, wer denn in diesem erbärmlichen Land der Chef sei. Ich versuchte, ihr den Sachverhalt auseinanderzusetzen: natürlich sei ich der Chef, sagte ich, aber die Juden seien mächtig. Im Falle eines Freispruchs schickten sie

ihren römischen Anwalt zum Kaiser, und das könnte schreckliche Folgen haben; es sei durchaus möglich, daß der Kaiser mich daraufhin abberiefe oder in die Verbannung schicke, und zumindest würden sie und ich uns trennen müssen. Ob sie das wolle? – Nein, erwiderte sie, das glaube sie nicht. Der Kaiser müsse doch gerecht sein; wo kämen wir hin, wenn auch der Kaiser nicht mehr gerecht wäre?
Er ist es aber nicht.
Ich machte die Augen wieder auf, und der Sklave neben mir wich zurück. Ich nehme an, er hatte mir ins Gesicht gesehen und gedacht: sieh da, Pilatus schläft. Ich schlief aber gar nicht, ich hatte nur nachgedacht. So einfach, wie die Leute meinen, ist das Schlafen ja auch nicht.
Es wurde mir immer unbehaglicher. Ich spürte an ihrem Atmen, daß sie mich verdächtigten, und sie verdächtigten mich nicht eines mir aufgezwungenen Urteils (das ginge an), sondern eines abscheulichen Verbrechens. Am liebsten hätte ich um mich geschlagen und sie angeschrien; am liebsten wäre ich aufgestanden, hätte sie in ihre stummen Münder geschlagen und gerufen:
»Ihr mögt mich nicht, das weiß ich. Aber jetzt rede ich mal. Und ich sage euch: zu Passah kommen Hunderttausende von Juden nach Jerusalem, versteht ihr das? Da hatte ich als Gouverneur für Ruhe zu sorgen, nur für Ruhe. Und die Juden hatten ein Privileg in der Tasche, ein Privileg des Kaisers; und dieses Privileg besagte, daß ich ihnen an Passah einen Gefangenen freizugeben hätte. Ich wollte ihnen den Jesus geben, aber sie wollten ihn nicht. Ich habe ihn ihnen angepriesen, aber nein: sie wollten nicht. Sie wollten einen anderen. Ihr sagt jetzt: du hättest es trotzdem nicht tun sollen, denn er war unschuldig. Das würdet ihr doch sagen, oder? Und ich antworte euch: ja, das war er, keine Frage. Aber wißt ihr, was geschehen wäre, wenn ich gegen den Willen der Leute gehandelt hätte? Sie hätten sich gerächt und mit Steinen geworfen; die Freiheitspartei hätte losgeschlagen; das Synedrium hätte das Volk aufgeputscht; Schlägereien, Straßenkämpfe, Mord und Totschlag; und dann wäre nicht nur einer unschuldig gestorben, sondern hundert, fünfhundert, tausend, was weiß ich. Und meine Soldaten hätten zurückschlagen müssen, und ich hatte nicht viele. Und Rom hätte gefragt: wie konnte das passieren?

Und ich hätte antworten müssen: *Weil ich ein Gebot des Kaisers nicht befolgt habe.*
Ihr wollt das aber nicht verstehen. Ihr glaubt nur. Und deshalb redet man bei euch gegen Mauern.«

Er *wollte* sterben: daran ist kein Zweifel. Wenn er es aber wollte, hätte ich ihn vielleicht in Tücher packen und gegen Kaiphas und Kumpane verteidigen sollen? Wie stellt man sich eigentlich einen Besatzungschef vor?
Nach dem Vortrag verließ ich sogleich das Haus. Ich hatte genug; ich konnte die Luft und die Gesichter nicht mehr ertragen. Trajanus lief mir nach, sprach mich auf der Straße an und fragte erregt, warum ich so eilig fortgerannt sei. Warum? fragte ich. Weil ihr mich nicht mögt, ihr alle.
Das machte ihn traurig und mich wütend.

LXX

Abrechnung (Fortsetzung)

Etliche Jahre vor meiner Amtszeit hatte der Legat von Syrien, Quintilius Varus, einen Aufstand in Judäa niedergeschlagen und dabei an einem Tag über zweitausend Rebellen kreuzigen lassen. Später hat er irgendwo im Norden Selbstmord begangen. Solche Maßnahmen sind also nötig.
Der Verlauf der weiteren Verhandlung:
Immer mehr Volk hatte sich angesammelt; Pilger, Schaulustige, bestellte Schreihälse, Gesindel. Dennoch war ich froh, nicht allein mit den Synedristen verhandeln zu müssen. Ich dachte: ganz Jerusalem hat dem Jesus zugejubelt; es glaubt an ihn und seinen göttlichen Auftrag; schließlich hatte er Wunder getan, und ich fragte: wollt ihr, daß ich euch euren Messiaskönig freigebe?
Sie wollten nicht. Mir ein Rätsel, auch heute noch. Wie ist es möglich, daß sie ihren eigenen Landsmann ans Kreuz haben wollten, wo ich bereit war, ihn freizusprechen? Was ging in ihren Gehirnen vor? Wollten sie Blut sehen? Warum haßten sie plötzlich diesen Mann?
Ich nahm wirklich an, sie hätten mich nicht verstanden. Ich

hatte, ohne lange Vorreden, gleich gefragt, ob ich ihnen den Jesus geben sollte; so sicher war ich meiner Sache. Ich wiederholte also meine Frage.
Nein, nein, schrien sie, kreuzige ihn.
Heute ist mir klar, daß es zum Teil bestellte Leute waren, bestellt von Barabbas und vom Synedrium. Übrigens hätte ich eines bedenken sollen: *meinen* Vorschlag wollte das Volk am allerwenigsten akzeptieren; dazu haßte es Rom und uns zu sehr.
Ich gab jedoch nicht nach. Weil ich darin den einzigen Ausweg sah, befahl ich die Geißelung.

LXXI

Auf der Straße Stephanio getroffen.
Er grüßte, lächelte verlegen und ging vorbei.
Was ich selber tat, weiß ich nicht mehr.

LXXII

Abrechnung (Fortsetzung)

Ich ließ ihn nicht vor den Augen des Volkes geißeln, sondern auf dem Vorplatz des Prätoriums. Ich hatte ihn noch nicht verurteilt und war nach wie vor entschlossen, mich dem Willen des Pöbels und der synedristischen Gauner nicht zu beugen. Wenn sie erst den geschundenen, blutenden Kerl sehen, dachte ich, wird er ihnen leid tun; ihre Blutgier wird gestillt sein, und sie werden nicht mehr auf der Kreuzigung bestehen. Auf diese Art hoffte ich, an dem Urteil vorbeizukommen. Man kommt aber nicht an einem Urteil vorbei.
Sie gaben nicht nach. Ich wiederholte, daß ich ihn für unschuldig hielt, sagte noch einmal, sie sollten ihn nehmen und mit ihm machen, was sie wollten. Ich hätte nichts damit zu tun.
Ohne Erfolg. Sie schrien, wüteten, reckten die Fäuste nach mir. Es wurden immer mehr. Kaiphas und seine Anhänger hetzten das Volk erneut auf. Ob der Kaiser ihnen nicht ein Gesetz gegeben hätte, schrien sie, und ob ich dieses Gesetz mit

Füßen treten wolle? Nein, sie hätten keinen Messiaskönig, sie stünden treu zum römischen Kaiser (sic!), und ob ich das auch täte?
Ich nahm den Jesus mit ins Haus und ließ sie warten. Sie gröhlten verdächtig gefährlich hinter mir her. Aber er wollte sterben. Es hatte keinen Zweck.
Trotzdem ging ich hinaus und erklärte, ich bräche die Verhandlung ab und gäbe den Gefangenen frei.
Daraufhin drohten sie offen und ohne den geringsten Respekt, mich beim Kaiser der Majestätsbeleidigung zu bezichtigen.
Das werden sie tun, dachte ich. Ich dachte an Claudia, an mein Versprechen, an meine Stellung, an mein Leben. Für einen Augenblick wurde mir schwindlig. Er ist unschuldig, dachte ich, aber viele sind unschuldig und gehen dennoch vor die Hunde. Ich sah die Gesichter: sie waren bleich, finster und unheimlich stumm. Ich fühlte mich allein, ganz allein. Ich konnte nicht mehr.
Nehmt ihn, sagte ich.

LXXIII

Vor zwei oder drei Nächten hatte ich einen Anfall; ich weiß selber nicht recht, was es war. Jetzt bin ich wieder ruhiger. Eleazar bedrängt mich, einen Arzt zu Rate zu ziehen, aber davor habe ich Angst. Wem kann man noch trauen? Von früher kenne ich den Verrus recht gut; wer aber weiß, wie er heute zu mir steht? Wenn er ein Günstling des Kaisers ist, wird ihm an meinem Leben nicht viel gelegen sein. Und wenn ihm ein wenig zuwenig an meinem Leben gelegen ist, kann es durchaus sein, daß ich ein bißchen schneller sterbe als notwendig. Und das liegt nicht in meiner Absicht.
Ich kam, nehme ich an, erst wieder zur Besinnung, als alles vorbei war. Ich lag auf der Erde, bekam keine Luft mehr, und ich schwitzte und fror zugleich. Ich dachte, ich müßte sterben, und seltsam: es regte mich nicht einmal auf. Mein Herz sprang und klopfte mir in den Ohren; ich wollte schreien, doch die Zunge machte nicht mehr mit. Ich faßte mir ans Herz, schlug mir gegen die Stirn, und dabei wurden meine Hände feucht und heiß; ich legte die Handflächen auf die Erde, um sie

abzukühlen, wollte mich aufrichten, doch meine Muskeln versagten; noch einmal versuchte ich zu schreien: ich bekam kein Wort hervor. Es ist wirklich aus mit dir, dachte ich; und nun bekam ich Angst, unheimliche Angst. Ich riß die Augen auf, starrte auf den glatten, eiskalten Boden dicht unter mir, in den Augen flimmerte es, ich sah winzige, tanzende Silbersternchen; nein, nicht doch, dachte ich, noch nicht sterben ... Wieder versuchte ich, mich aufzurichten; nein, es ging nicht. Nun gut, dachte ich, wurde schlaff, alle Kraft wich aus meinem Körper, glitt in den Fußboden über und saugte mich von unten fest; nun gut, dachte ich, dann stirbst du eben; nur Ruhe, schöne, wunderbare Ruhe.

Als ich erwachte, war Eleazar über mich gebeugt; er wollte gerade einen Arzt holen. Nur das nicht, sagte ich.

Nun habe ich Angst, je wieder einzuschlafen, aber Schlafen war bisher meine einzige Waffe gegen die Kopfschmerzen.

Also trinke ich. Der Wein jedoch läßt die Kopfschmerzen schneller kommen.

Also täte ich am besten nichts?

Aber die Gedanken ...

LXXIV

Ein neues Jahr hat begonnen.

Die Leute wünschen, es möge ein gutes Jahr werden. Unter »gut« verstehen sie: reich, gesund, schön.

Das tun sie Jahr für Jahr. Bis sie sterben.

Dann denken sie: wann haben wir eigentlich gelebt?

LXXV

Selbstcharakteristik

Der Befund meiner Person fällt weitgehend negativ aus. Ich finde sie nur wenig interessant, und das ist bedauerlich, weil ich sie sehr gern interessant fände. Vor allem in meiner Jugend habe ich mir oft eingeredet, ich wäre zu etwas Besonderem geboren; ich war es nicht. Meine Karriere endete mit der

Stellung eines Gouverneurs, noch dazu in einer kleinen, wenig geschätzten Provinz. Meine Fähigkeiten, die ich besaß, blieben ungenutzt. Die meisten Jahre meines Lebens habe ich in Amtsräumen und Salons verbracht, einen Federhalter oder einen Becher Wein in der Hand, und dabei meine Gedanken gehabt. Die hängen nun irgendwo in der Luft, ein Sammelsurium teils blöder, teils guter Einfälle. Vorbei.
Meine Fehler sind kaum zu beschreiben und unzählbar. Aus dem Stegreif notiere ich: ich bin brutal, weich, ängstlich, bequem, rechthaberisch, unkonzentriert, unnachgiebig, ohne Ergeiz, ohne Güte, ohne rechte Lebenslust, nachsichtig gegen meine Schwächen, unnachsichtig gegen Scharlatane, zimperlich, vergeßlich, undankbar, ungerecht, übertreibend, hemmungslos; und für mich selber schlechthin unausstehlich.
Demgegenüber bin ich treu und wahrhaftig. Ehe ich aber verhungerte, verdurstete, mich verbannen oder steinigen ließe, würde ich jede Treue und alle Wahrhaftigkeit aufgeben. Vor dem Sterben habe ich Angst. Es ist nicht der Zustand des Totseins, der mich berunruhigt. Tot bin ich allemal recht gern. Dann sind meine Augen blind, mein Mund stumm und meine Ohren wirklich taub. Das macht mir also keinen Kummer. Aber: atmen und dabei denken: den nächsten Atemzug schaffst du nicht mehr; du hast noch genügend Kraft, ihn in die Lungen zu pressen, doch ihn dann wieder hinauszustöhnen: das schaffst du nicht mehr ... Davor habe ich Angst. Und wenn die Angst kommt, dicht über dem Herzen, dann atme ich schneller, damit ich sie rechtzeitig überwinde, die Klippe zwischen »Ein« und »Aus«, »Ein« und »Aus«, »Ein« und »Aus«; aber einmal, ganz gewiß, finde ich den Dreh nicht mehr, und vor dieser winzigen Situation habe ich Angst.
Das Gehirn meiner Person ist in Ordnung; jedenfalls halte ich es für in Ordnung. Ich weiß, daß manche anders darüber urteilen, aber das macht nichts. Mein Gehirn hält einen Gedanken, den es in den Wein gießt, für interessanter als eine Ansprache des Kaisers. Und das nicht, weil ich es für besonders klug halte, das sei ferne von mir (wie es im Jargon der Christen heißt), sondern: weil der Kaiser ganz einfach dumm ist.
Das Gehirn meiner Person gibt mir stets Beschäftigung. Dafür bin ich ihm dankbar. Meine Beine sind oft müde, meine Augen

lahm, mein Herz ohne Lust; mein Gehirn dagegen hat immer zu tun. Es denkt, unterhält mich, bekommt Kopfschmerzen und überlegt, was ich brauche: Wein; eine neue Schreibfeder; ein Streitgespräch oder einen Traum. Es hat immer recht. Meine Hände wollen die Katze streicheln, aber die Katze entgleitet ihnen. Mein Herz denkt an Claudia; doch sie ist tot. Also irren mein Herz und meine Hände, nicht so mein Gehirn. Es hat drei Milliarden Sklaven; sie heißen: Gedanken. Den einen schickt es nach Rom, den anderen nach Caesarea, den dritten ans Meer, den vierten zum Faß des Diogenes, den fünften zur Frau des Cassius; den 317. Gedanken dirigiert es gen Himmel, den 680. zu meiner Katze, den 1350. zum Jesus von Nazareth und irgendeinen andren zu irgendeinem andern. Meine Gedanken sind darin nicht wählerisch. Sie kennen kein Pardon und keine Gnade. Sie stellen sich ein, sehen mich an und verschwinden wieder. Was ich damit anfange, ist nicht ihre Sache; darum kümmern sie sich nicht.
Sie sind bockbeinig. Sobald ich etwas »tue«, werden sie träge, faul und langweilig. Es mißfällt ihnen; also tue ich nichts und lasse sie kommen.
Das Herz meiner Person ist, soweit ich darüber ein Urteil habe, relativ normal. Wenn meine Gedanken mich aufregen, wird es zwar unsicher, aber ich nehme es darin nicht ganz ernst. Mein Herz übertreibt von Natur. Es sieht Blut, macht mir die Augen zu und denkt: mußte dieses Blut fließen? Gedanke 710 antwortet: natürlich mußte dieses Blut fließen. Dann beruhigt sich mein Herz und denkt: es war ja nicht dein Blut.
In manchen Situationen ist mir das Herz meiner Person zu brutal. Ich will mich da nicht einmischen, aber ich muß doch sagen, mein Herz könnte nachsichtiger sein. Meine Gedanken nehmen die ganze Welt in Schutz, wenn's drauf ankommt; mein Herz nie. Es hat seinen eigenen Kopf, rennt sich fest und denkt: nie und nimmer gebe ich nach – auch wenn meine Gedanken von 1-30 000 es immer wieder zu überreden versuchen. Also ist mein Herz herzloser als jeder meiner Gedanken. Meine Gedanken lassen sich allerdings nicht sagen. Sobald ich den Mund aufmache, um sie loszuwerden, wandelt meine Zunge sie nach ihrem Geschmack um. Deshalb mag ich meine Zunge nicht; sie ist zu locker und liegt zu lose zwischen Herz und Hirn.

Das Herz meiner Person gibt mir schlechte Ratschläge. Es sagt zum Beispiel:
»Du liebst Claudia, nicht wahr?«
»Natürlich«, antwortet einer meiner Gedanken, »natürlich liebe ich sie.«
»Und?«
»Was gibt es denn da zu fragen?« sagt ein anderer Gedanke. »Du liebst sie doch auch; sag es ihr also.«
Aber nie bringt mein Herz das fertig. Eher sagt es alles andere, zum Beispiel: »Du bist böse, Claudia« oder: »Du bist ein Affe.«
Meine Gedanken schütteln den Kopf darüber; sie stehen vor einem Rätsel. Wenn Claudia fragt: »Hast du mich denn nicht lieb?«, erwidern dreihunderttausend Gedanken auf einmal: »Doch, das habe ich.«
Nur mein Herz nicht, das bleibt brutal; es sagt: »Lieb? Dich? Wieso?«
Ich mag mein Herz nicht. Ich mag auch meine Augen nicht; sie behalten zuviel Unsinn. Sie merken sich das dicke Gesicht des Kaisers und den wackelnden Kopf des betrunkenen Cassius. Sie haben keinen Sinn für das Wesentliche. An die Augenfarbe meiner Katze erinnern sie sich jedenfalls nicht.
Die Ohren meiner Person sind in Ordnung; sie sind taub.
Von den inneren Organen sind mir lediglich Magen, Blase und die rechte Niere bekannt: der Magen wegen mancherlei Verstimmung, sei es durch übermäßiges Essen oder übertriebenen Weingenuß; die Blase, weil sie zuweilen erkältet ist, und meine rechte Niere, weil etwas nicht mit ihr stimmt. Sie bereitet mir Koliken. Andere Organe kenne ich nicht, weil ich sie noch nie gespürt habe.
Demgegenüber spüre ich meinen Kopf fast ständig; er schmerzt und gibt mir Rätsel auf.
Ich selber?
Ich sehe viele Dinge zu spät ein. Ich bin unzufrieden mit mir. Ich lüge manchmal, und alles, was ich von mir weiß, möchte ich nicht wahrhaben.
Ich habe einen guten Geschmack und ein gutes Gedächtnis. Ich lebe gern in Erinnerungen.
In unserer Gegenwart kann man ohnehin nicht leben; nur weiteratmen und versuchen, abseits zu bleiben und nicht mitzumachen.

LXXVI

Vorgestern, während eines Spaziergangs zum Tiber, traf ich die Frau des Verrus. Ich wußte nicht, ob sie mich zu kennen wünschte, grüßte, wollte vorübergehen, aber sie hielt mich an und begann ein Gespräch mit mir. Wir standen auf der Straße, sie redete in mein Ohr, doch verstand ich sie nicht. Daraufhin lud sie mich ein, mit ins Haus zu kommen. Ich weiß nicht genau, ob sie es nur, wegen meiner Taubheit tat oder auch, um nicht mit mir gesehen zu werden. Ich ging mit. Mein erster Gedanke war, ob ich mich nicht doch von ihrem Mann untersuchen lassen sollte.
Ich weiß nicht, welchen Ruf als Arzt er heute genießt; in seiner Jugend hat man ihm eine große Karriere vorausgesagt.
Tatsächlich höre ich in geschlossenen Räumen besser. Vielleicht sind es die Nebengeräusche, der Lärm der Straße und das Gerede der Passanten, die meinem Ohr zu schaffen machen; vielleicht aber kann ich mich auf der Straße auch nicht konzentrieren.
Die Frau des Verrus hat sich kaum verändert. Claudia ist tot, dachte ich. Frau Verrus sagte:
Nun ist Claudia ja schon lange tot.
Ja.
Sie war ein guter Mensch.
Doch.
Du hast ihr Grab ja stets in Ordnung; das muß man sagen, Pilatus.
Ja, das habe ich.
Drei Tage vor ihrem Tod war sie noch bei mir. Und wie munter sie war! Wer hätte gedacht, daß es so bald kommen würde. Wir haben noch miteinander gelacht.
So.
Nein, sie war eine gute Frau, wirklich.
Nicht wahr?
Schweigen.
Und du, fragte sie, was machst du denn so?
Danke, es geht mir gut.
Du siehst auch gut aus, wirklich.
Wirklich?
Ja, so frisch, so ausgeruht.

Eigentlich wollte ich ja deinen Mann mal aufsuchen, sagte ich.
Ach, was fehlt dir denn? Hast du Schmerzen?
Nicht direkt. Ich werde mal zu ihm gehen.
Ja, tu das. Und sonst?
Na, du kennst ja meine Situation; man ist nicht mehr gern gesehen.
Aber Pilatus, was redest du denn da? Uns bist du jederzeit willkommen, das weißt du doch. Meinst du, weil der Kaiser dich abberufen hat, würden wir unsre Freundschaft zu dir verleugnen? Wofür hältst du uns? Nein, in unserem Haus bist du jederzeit willkommen.
Ja, sagte ich, danke. Vielen Dank.
Nur, wenn du meinen Mann besuchen willst, dann komm doch bitte abends. Er hat soviel zu tun am Tage, und es muß ja nicht jeder sehen, daß du sein Patient bist.
Ja, danke, sagte ich und wollte gehen.
Ach ja, sagte sie, die gute Claudia. Manchmal war sie ja böse auf dich.
Ich weiß.
Sie konnte keiner Fliege etwas zuleide tun.
Nein, das nicht.
Und die Jahre in der Fremde haben sie mitgenommen, das ist sicher. Hättest du nicht besser daran getan, sie alle paar Monate nach Rom zu schicken, in die Heimat?
Vielleicht.
Wer weiß, ob es dann passiert wäre.
Ich wollte sie gern bei mir haben, sagte ich.
Das ist es, so sind die Männer: alle egoistisch.
Nein, nicht aus Egoismus; ich hatte sie lieb.
So gut habt ihr euch doch gar nicht verstanden.
Nicht?
Aber Pilatus, du weißt genau, wie oft deine Frau bei mir war und über dich geweint hat.
So, sagte ich. Ich wollte gehen.
Und wenn du zu meinem Mann kommst, bitte am Abend. Es muß ja nicht jeder sehen.
Nein.
Und du bist jederzeit willkommen bei uns.
Ja, danke.

LXXVII

Meine Katze macht mir Kummer.
Kummer?
Ja, sie verliert mehr Haare als sonst.
Und das macht dir Kummer?
Natürlich.
Und warum?
Warum, weiß ich nicht. Aber sollte ich mir vielleicht Kummer über die Krankheit des Kaisers machen?
Das wäre schon etwas vernünftiger.
Wieso?

LXXVIII

Gespräche mit meiner Katze

Was denkst du?
Nichts.
Wie machst du das?
Ich schnurre, zucke mit den Ohren und mache die Augen zu.
Und darüber hinaus?
Wieso? Darüber hinaus tue ich nichts.
Das genügt dir?
Natürlich.
Du mußt doch irgendwelche Gedanken dabei haben.
Nein, warum?
An irgend etwas denkt man doch immer.
Davon weiß ich nichts. Ich denke nur, wenn's drauf ankommt. Wenn ich eine Maus sehe, denke ich: die willst du haben. Manchmal merke ich auch, daß sie mir zu schlau ist, und dann lasse ich's.
Du denkst nicht darüber nach, warum sie dir zu schlau ist?
Nein, wozu denn?
Mir wäre das zu bequem.
Ausgerechnet du mußt das sagen. Du bist doch zu bequem, dir selber einen Becher zu holen, wenn du trinken willst.
Dafür mache ich mir Gedanken.
Welche?

Gedanken über meine Frau.
Die ist tot.
Oder über den Kaiser.
Was hast du davon?
Oder über das Leben.
Na und?
Gedanken über mich, meine Fehler, meine Schwächen, meinen Kummer.
Na und?
Dein verrücktes »Na und?« kannst du dir sparen.
Du kannst tun oder denken, was du magst, das ist deine Sache; nur fang nicht schon wieder Streit an.
Ich streite ja gar nicht. Ich will mich mit dir unterhalten, falls dir das im Augenblick genehm sein sollte.
Du streitest wohl. Du kannst dich gar nicht vernünftig unterhalten, du kannst nur streiten.
Weil du so gleichgültig bist, das reizt mich.
Ich bin überhaupt nicht gleichgültig, im Gegenteil. Meinst du, ich hätte keine Sorgen? Nur mache ich davon nicht soviel Aufhebens wie du.
Deine Sorgen möchte ich haben; lächerlich!
Wir wollen, bitte, nicht von meinen Sorgen sprechen; davon hast du keine Ahnung, und ich trage sie schon allein.
Ich wäre sehr neugierig, davon zu hören.
Nichts; kommt nicht in Frage.
Warum nicht? Mir kannst du es doch sagen.
Warum gerade dir?
Weil wir zusammengehören. Ich habe doch nur dich.
Daß dich keiner mag, wird schon seine Gründe haben.
So, das ist deine Meinung. Und was für Gründe, wenn ich fragen darf?
Vielleicht bist du rücksichtslos.
Wenn ich rücksichtslos wäre, würde ich dich nicht pflegen.
Pflegen? Wieso pflegst du mich?
Ich gebe dir zu fressen.
Vielen Dank. Aber wenn man sich eine Katze hält, gibt man ihr auch zu fressen. Ist das überhaupt erwähnenswert?
Doch. Ich könnte dich zum Beispiel verhungern lassen.
Meinst du? Ich verhungerte aber nicht; ich liefe fort und suchte mir ein neues Quartier.

Gut. Was hättest du davon?
Mein Fressen und meine Ruhe. Und du wärst ganz allein.
Aber ich mag dich doch.
Ja, weil du nicht allein sein willst. Von Liebe keine Spur, das ist bloß dummes Gerede.
Oho. Von Liebe verstehst du auch was?
Natürlich. Ich spreche nur nicht darüber.
Interessant! Und warum nicht?
Das ist gegen meine Natur.
Und von deinen Sorgen zu sprechen, ist das auch gegen deine Natur?
Jawohl.
Erzähl mir eine deiner Sorgen, bitte.
Nein.
Du tätest mir damit einen großen Gefallen.
Ich habe nein gesagt.
Sei doch nicht so.
Ich bin, wie ich bin.
Ich würde dir auch etwas geben, etwas ganz Feines.
Ich lasse mich nicht bestechen.
Wenn du es sagst, verspreche ich dir, mich nie mehr mit dir zu unterhalten. Dann hast du ein für allemal deine Ruhe, und du kannst machen, was du willst.
Ich verspreche es dir.
Nun, ich hatte eine Fehlgeburt.
Das tut mir leid.
Ja, vor drei Wochen.
Hattest du Schmerzen?
Mach nicht soviel Worte.
Mach's gut.
Und, nicht wahr, keine Gespräche mehr, das versprichst du?
Ich will es halten.

LXXIX

Gespräch mit Trajanus

Jesus sei im Garten des Ölbergs verhaftet worden.
Das könne sein, sagte ich.

So sei es berichtet. Er habe dort mit drei Jüngern im Gebet verweilt, und ein Verräter habe das Verhaftungskommando angeführt.
Das könne sein.
Wieso ich nichts davon wisse? Ich sei doch der kommandierende Gouverneur gewesen.
Ich hätte mich nie in die inneren Angelegenheiten des Landes eingemischt, es sei denn zum Zwecke der öffentlichen Ordnung.
Wer denn das Kommando angeführt hätte?
Woher soll ich das wissen? Wahrscheinlich Soldaten des Synedriums, die im Auftrag von Annas oder Kaiphas handelten, denn zu Kaiphas sei Jesus ja auch gebracht worden.
Keine römischen Soldaten also?
Nein.
Das sei ihm nicht ganz klar. Ob ich bereit wäre, ihm noch einige Auskünfte zu geben.
Welche?
Wer denn, wenn nicht die Römer, an Jesu Verhaftung hätte interessiert sein können?
Nun, die Pharisäer, Schriftgelehrten, die Hohenpriester, die Sadduzäer, das Synedrium und Anhänger des Herodes.
Was sie denn gegen ihn gehabt hätten?
Er war ihnen zu populär geworden.
Ob das schlimm sei.
Schlimm genug.
Und was noch?
Er gab sich mit Zöllnern und Dirnen ab.
Warum auch nicht? Jesus sei immerhin der Messias gewesen.
Vielleicht. Aber die maßgeblichen frommen Leute hätten anders darüber gedacht.
Nämlich?
Sie hätten ihn nicht anerkannt, weil er ihnen im Weg stand.
Und sie wollten Geld.
Geld?
Ja.
Obwohl sie fromm waren?
Sie hielten sich dafür, und das Volk glaubte ihnen.
Welches Geld?
Nun, sie handelten mit Opferrequisiten. Ihre fromme Macht

gab ihnen Kredit. Ihr Geschäft war gut organisiert. Sie lobten ihren Gott und wiegten gleichzeitig ihre Bäuche. Sie waren so fromm, daß selbst das Fett in ihren Mundwinkeln Gott pries.
Ob ich das ernst meine.
Nein, ironisch.
Aber Jesus sei doch anders gewesen.
Eben, Jesus hatte keinen Bauch.
Wie er denn ausgesehen habe.
Dünn, dürr und häßlich.
Kein göttliches Merkmal, seltsame Augen oder eine unheimliche Stimme?
Nein, nichts davon.
Aber er habe Wunder getan.
Teufelswerk, sagten seine Gegner.
Er habe sich seinen Feinden offen gestellt.
Irrtum. Er war einige Male inkognito in Jerusalem, und er hat nie Rede und Antwort gestanden. Er wich aus. Ich war genau informiert, wenn er in Jerusalem war, aber er störte mich nicht. Ich hatte nichts gegen ihn.
Also hätten ihn keine Römer verhaftet, obwohl es so hieß?
So heißen tut vieles, sagte ich. Wenn *ich* ihn hätte verhaften lassen, wäre er in ein römisches Gefängnis gekommen.
Das könne sein.
Oder ob er, Trajanus, meine, ich würde einen von mir festgenommenen Gefangenen dem Börsenjobber Kaiphas aushändigen; wofür er mich eigentlich halte?
So habe er das nicht gemeint.
Vielleicht. Aber ich verbäte mir solche Unterstellungen. Ich gehe nicht hin, sagte ich, und lasse einen Menchen gefangennehmen, um ihn dann Gaunern in die Hände zu spielen; das denn doch nicht.
Er habe es wirklich nicht so gemeint.
Wie denn?
In aller Freundschaft und in christlicher Nächstenliebe.
Aha.

LXXX

Gespräch mit Trajanus (Fortsetzung)

Ob ich Jesu auch privat gesprochen habe.
Ja, das hätte ich. Und meine Kopfschmerzen würden immer unerträglicher.
Welchen Arzt ich denn konsultierte.
Keinen. Ich traute ihnen nämlich nicht.
Aber es gäbe doch so manchen guten Arzt in Rom. Ich solle einmal zu ... gehen, der sei zuverlässig; im übrigen sei seine Frau Christin.
Was seine Frau damit zu tun habe?
Nichts. Aber er sei ein guter Arzt.
Weil seine Frau Christin sei?
Nein.
Warum er es denn besonders erwähne?
Nur so.
Aha.
Ich sei sehr mißtrauisch, das müsse er schon sagen; ich sei wirklich mißtrauisch. Aber wir wollten uns doch über den Messias, über den Sohn Gottes, unterhalten ...
Über Jesus, sagte ich.
Ja. Ob ich mich mit ihm unter vier Augen unterhalten habe?
Ich hätte ihn gefragt, woher er komme; ob er von Menschen abstamme oder göttlicher Herkunft sei. Was er darauf geantwortet habe, wisse ich nicht mehr.
Wenn ich ihm eine solche Frage gestellt hätte, müsse er auf mich doch einen tiefen Eindruck gemacht haben. Man frage doch keinen x-beliebigen Menschen, ob er von einem Gott gesandt sei.
Einen x-beliebigen Menschen frage man das natürlich nicht. Aber ich hätte ihm die Frage nur deshalb vorgelegt, weil sie für meine juristische Argumentation notwendig gewesen sei.
Wirklich?
Wenn seine Ziele nämlich religiöser Art waren, ging mich die Sache nichts an.
Mir sei nicht unheimlich gewesen?
Warum denn? Aber er, Trajanus und Konsorten, machten ihn mir langsam unheimlich.

Das sei ein Fortschritt.
Zu was?
Ein Fortschritt zum wahren Glauben.
Aha.
Ob ich noch mehr mit ihm besprochen hätte.
Natürlich. Ich könnte mich nicht mehr genau entsinnen, auf jeden Fall sei er von seinem göttlichen Auftrag erfüllt gewesen.
Man rede in Rom davon, ich hätte ihm gedroht.
Womit?
Mit dem Tod am Kreuz; denn diese Macht hätte ich doch gehabt.
Die hatte ich. Und weiter?
Wenn Gott gewollt hätte, würde er mir diese Macht genommen haben.
Dann wollte Gott wohl nicht?
Nein. Und wann ich wieder einmal die Gemeinde besuchte? Sie alle würden sich freuen, mich zu sehen.
Den Eindruck hätte ich nicht, im Gegenteil. Ich fände, daß ich ihnen durchaus nicht genehm sei, und das sei ja auch natürlich.
Niemand trage mir etwas nach, das könne er mir versichern.
Mit dem Mund, ja. Aber in seinem Herzen sähe es anders aus.
Du willst dir nicht helfen lassen, sagte er.
Doch, das will ich schon, sagte ich. Aber wie macht man das?

LXXXI

Keine Frage, Hunderttausende haben ihm zugejubelt. Nun haben wir einen Messias, dachten sie.
Ich hatte falsch kalkuliert.
Ich wollte den Prozeß kurz machen. Er war unschuldig, und ich hatte nichts an ihm auszusetzen. Also fragte ich sofort: »Wollt ihr, daß ich euch den Jesus freigebe?
So sicher war ich meiner Sache. Natürlich hätten sie sich unter den Todeskandidaten einen anderen aussuchen können, das war ihr gutes Recht; aber ich zweifelte keinen Augenblick, daß sie den Jesus haben wollten. Warum, dachte ich, erst lange um die Sache herumreden? Je schneller die Angelegenheit beigelegt war, desto besser für alle.
Sie wollten ihn nicht.

Warum?
Ja – warum? Diese Priester haben eine ungeheure Macht. Nachdem sie das Urteil über ihn gefällt hatten, muß das Volk irre geworden sein; es glaubt den Priestern mehr als Gott. Haben die Leute solche Angst vor den Mächtigen im Tempel? Ist ihnen ihre Überzeugung weniger wert als der wohlwollende Blick des hohepriesterlichen Schwiegervaters?
Ich hatte falsch kalkuliert.
Ich weiß, daß ich schuldig bin; aber das ist meine Sache. Damit muß *ich* fertig werden, sonst niemand. Darüber hinaus weiß ich eines: nur *einer* wollte seinen Tod nicht: *ich*

Claudia,
du hattest mich doch gebeten, nicht weich zu werden, das mußt du doch noch wissen. Du hattest gesagt: »Tue diesem Menschen nichts zuleide«, erinnerst du dich?
Ich versprach es dir, und du erzähltest, du hättest einen furchtbaren Traum gehabt; ich solle auf dich hören und gut zu ihm sein.
Ich liebe dich aber. Frau Verrus meint zwar, so *gut hätten wir uns doch gar nicht verstanden*, aber geliebt, Claudia, habe ich dich. Und ich wußte genau, daß es mir in diesem Fall an den Kragen gehen sollte. Es ist wahr, ich hätte ihn freisprechen können; du hattest es dir gewünscht, und ich habe manches versucht. Es ist auch wahr, daß ich ihn nicht brutal behandelt habe, das darfst du mir glauben. Aber ich hatte einfach keine andre Wahl. Es gibt Augenblicke, wo auch der Chef nachgeben muß. Man ist nicht nur *der Chef*, weder als kommandierender Gouverneur noch als Gott. Man ist nie sein eigener Chef.
Noch heute glaube ich, daß ich gleich die Gefahr gespürt habe. Der Kaiser war in keiner guten Verfassung damals; wenige Wochen vorher hatte er seinen besten Freund hinrichten lassen. Warum? Nur, weil er anderer Meinung als sein kaiserlicher Freund gewesen war.
Ein Freispruch gegen den Willen des Volkes, der Behörden, der Priester, sogar des Delinquenten selbst; ein Freispruch wider die Interessen Roms und das Gesetz des Kaisers: was hätte er mich gekostet?
Vielleicht den Kopf, vielleicht die Verbannung.

Und was hätte das bedeutet?
Ich hätte dich verloren, Claudia. Noch früher. Noch furchtbarer.
Das wollte ich nicht. Ich allein wäre schon in die Verbannung gegangen. Ich will nicht sagen, daß ich auch meinen Kopf riskiert hätte; dazu habe ich ihn, trotz wahnsinniger Schmerzen, zu gern. Ich will mich überhaupt nicht als Held aufspielen. Ich will nur sagen: ich hatte dich lieb, und darum mußte es so sein. Verstehst du das?
Du hast mir oft gesagt, ich solle dieses oder jenes tun, und dann habe ich es nicht getan . . . Ist das so seltsam?
»Ich wünsche mir eine Kette«, sagte eine Frau zu ihrem Mann.
»So«, sagte der Mann und geht aus dem Haus.
Die Frau wartet, bis der Mann wiederkommt. Ob er wohl an die Kette gedacht hat?
Er kommt zurück, ist müde, begrüßt kurz seine Frau, ißt und sagt nichts.
Nein, denkt die Frau, er hat nicht an die Kette gedacht.
»Was hast du denn?« fragt der Mann, »du hast doch was.«
Endlich sagte sie: »Hast du ganz vergessen, daß ich gern eine Kette haben wollte?«
Nein, er hatte es nicht vergessen; er wollte nur nicht daran erinnert werden. Er wollte sie überraschen. Er hätte es zu gern gesehen, wenn sie nicht mehr an die Kette gedacht hätte.
Warum?
Weil er seine Frau liebt.
So ist das.

LXXXII

Kopfschmerzen. Unnachgiebig.
Stunden, Tage, Nächte.
Wie lange noch?
Sie trampeln.
Warum?
Ihnen gleichgültig, warum. Wenn's ihnen Spaß macht, trampeln sie.
Und Spaß macht es ihnen.

LXXXIII

Eleazar wollte wissen, ob ich seinen Jesus lange gequält hätte.
Wieso denn?
Ich hätte ihn doch geißeln lassen, und keiner sei Zeuge gewesen.
Es ist auch keiner Zeuge, sagte ich, daß du dich kaum noch um mich kümmerst.
Er stünde immer zu meiner Verfügung.
Vergangene Nacht, sagte ich, habe ich mir den Hals nach dir heiser geschrien.
Ich habe nichts gehört.
Kein Wunder, du warst ja bei deiner christlichen Gemeinde.
Wir waren im Gebet.
Unterdes hatte ich einen Anfall.
Das tut mir leid.
Rührend von dir.
Hast du ihn arg geißeln lassen?
Daß du mich allein läßt, wenn ich dich brauche, interessiert dich wohl nicht? Ein vorzüglicher Diener! Jeder Herr würde sich nach dir alle Finger lecken.
Es gibt nur einen Herrn.
Und was gibt er dir?
Ruhe, Frieden, Glück.
Wirst du davon satt?
Ja. Wenn ich an ihn denke, ist alles gut.
So, dann denke mal ein paar Tage an ihn und sieh zu, wie du davon satt wirst.
Ich würde für ihn verhungern.
Warum tust du es nicht?
Ich will dir helfen, Herr.
Mir?
Du bist nämlich gut.
So. Wo ist meine Katze?
Gestern habe ich sie in deinem Zimmer gesehen.
Und wo ist sie jetzt?
Sie wird schon wiederkommen.
Weil ich gut bin?
Ja.
Bin ich tatsächlich gut?

Du warst nie schlecht zu mir.
Das ist kein Argument. Frage den Kaiser, den Cassius, deinen Jesus, den Trajanus, meine tote Frau. Die werden dir etwas anderes sagen.
Hast du ihn schlimm geißeln lassen?
Nein.
Er soll aber entsetzlich ausgesehen haben.
Richtig. Aber das Kreuz hat er anschließend noch eine halbe Stunde lang getragen, und er war schmächtig. Glaubst du, er hätte das geschafft, wenn ich ihn bis aufs Blut hätte geißeln lassen?
Nein, aber was ist denn wahr?
Wahr? Die Wahrheit ist weit weg von allem, was man gemeinhin glaubt.

LXXXIV

Traum

Ich muß sterben. Mein Atem pumpt die Lungen voll, hält das Herz an, und das Herz bleibt stehen.
Jetzt ist es soweit, denke ich.
Ich warte.
Nichts geschieht. Die Lungen sind voll, das Herz steht still, und die Augen starren auf ein Stück Wand. Irgend etwas muß doch nun geschehen, denke ich.
Es geschieht nichts.
Unangenehm, so dumm dazuliegen und zu warten. Ich will den Mund aufmachen, um Eleazar zu rufen, aber mein Mund funktioniert nicht mehr. Natürlich funktioniert ein Mund nicht mehr, wenn man tot ist; aber daran muß man sich erst gewöhnen. Ich sehe die Wand an, horche, und mein Kopf ist ganz klar. Er sagt:
Mach noch einen Atemzug, Lunge.
Aber meine Lunge denkt nicht daran.
Schlag noch mal, Herz.
Mein Herz macht nicht mehr mit.
Mein Körper versucht, sich auf die Seite zu legen, doch das schafft er nicht mehr; der Schweiß klebt.

Nun ist es aus, denke ich.
Vielleicht kommt Claudia?
Dieser Gedanke muntert mich auf. Warum nicht tot sein, wenn Claudia jetzt zu mir käme und mir die Stirn streichelte? Wie mag sie aussehen? Ob sie sich verändert hat?
Aber sie kam nicht. Es kam überhaupt nichts. Ich lag da und wartete.
Plötzlich waren sie im Zimmer. Ich erkannte sie zunächst nicht. Sie packten mich, warfen mich auf den Boden; ich wollte schreien, aber ich konnte nicht mehr schreien. Sie machten sich erst gar nicht die Mühe, mich vorsichtig hinzulegen, warfen mich auf den Rücken, und einer sagte:
Der ist tot, der spürt nichts mehr.
Ich konnte mich nicht bewegen.
Einer sagte:
Wo sind die Nägel?
Er riß mir die Arme hoch, kniete sich auf meine Brust, so daß ich keine Luft bekam, und ich wollte sagen:
Was machst du denn mit mir? Was fällt dir denn ein?
Hier sind die Nägel, sagte einer.
Der Mann auf meiner Brust nahm sie, riß mir die Finger auseinander und schlug einen Nagel durch meine Handfläche. Der Mann hatte einen stinkenden Atem.
Was machst du denn da? fragte ich, aber der Mann hörte nicht. Er schlug den Nagel wütend in meine Hand. Der Schweiß stand auf seiner Stirn.
Warum ist er nur so wütend? dachte ich.
Er schlug zu. Der Nagel saß längst fest, das spürte ich, aber der Mann schlug immer noch zu.
Seltsam, dachte ich.
Dann nahm er die andere Hand, zerrte mir die Finger auseinander, nahm einen Nagel und schlug zu. Er wurde immer wütender.
Meinetwegen konnte er das ja machen, aber was sollte das? Am schlimmsten war mir sein stinkender Atem.
Nun wird er die Füße festnageln, dachte ich, und dann hängst du da; dann hängst du an der Erde.
Und dann?
Ich lag auf der Erde, starrte auf einen Flecken an der Decke, und der Mann, der auf mir gekniet hatte, beugte sich jetzt dicht

über mich und schrie mir ins Ohr:
Bist du nun ein Christ?
Ja, sagte ich.
Noch immer nicht? fragte er. Dir will ich es schon beibringen! Und er trat mir ins Gesicht.
Ich habe doch »Ja« gesagt, sagte ich; was wollt ihr denn von mir?
Dich lehren, »Nein« zu sagen, schrie er und trat noch einmal.
Verstehst du mich denn nicht? fragte ich. Ich sage dir: ja, ich bin ein Christ!
Er verstand mich nicht. Er trat mir immer wieder ins Gesicht.
Meine Katze kam und leckte an den Nägeln. Meine Hände berührte sie nicht; sie leckte nur an den Nägeln.
Na, du? sagte ich.
Da ging sie fort.
Ich lag gekreuzigt auf der Erde, und der Mann, der mich so wütend angenagelt und mir ins Gesicht getreten hatte, beugte sich jetzt über mich.
Das ist ja Trajanus, dachte ich.
Dann trat der andere heran.
Sieh da, dachte ich, auch Eleazar.
Das dritte Gesicht. Ich sagte:
Du auch, Claudia?
Warum nicht? fragte sie.
Dann schlief ich wieder ein.

LXXXV

Ich sollte zum Augenarzt gehen.

LXXXVI

Meine Katze kam und sprang mir auf den Schoß. Ich war sehr glücklich darüber. Ich streichelte sie.
Du bist aber lieb, sagte ich.
Allmählich habe ich mich eben an dich gewöhnt, sagte sie.
Du glaubst gar nicht, wie froh mich das macht.

Das freut mich, sagte sie, sah mich kurz an, schloß die Augen und schnurrte.
Willst du schlafen? fragte ich.
Sie gab keine Antwort und schnurrte.
Ich wagte nicht, mich zu bewegen. Ich saß da eine Stunde oder einen halben Tag, ich weiß es nicht. In meinen Händen spürte ich ihr Schnurren.
Plötzlich blinzelte sie mich mit ihren Augen an, streckte erst das eine Bein von sich, dann alle vier, riß daß Maul auf, gähnte, schüttelte sich wach und sprang auf die Erde.
Na, sagte ich, ausgeschlafen?
Sie machte einen Buckel und ging fort.

LXXXVII

Wenn er nun wirklich einen Gott zum Vater hatte: was dann? Warum hat er mir nicht ein Zeichen gegeben? Wie kam Burrus dazu, über jene seltsamen Vorgänge im Tempel und am Himmel eine dienstliche Meldung zu machen? Ob er wirklich lebendig geworden ist? Wieso hat er Kranke gesund gemacht? Wenn sein Vater ein Gott war, warum hat er seinen Sohn verbluten lassen? Wieso nimmt sein Blut mir meine Sünden ab? Weshalb ist er in jene verlassene Provinz gekommen und nicht nach Rom? Wo ist er jetzt? Hätten seine Anhänger nicht mit ihm sterben sollen? Warum haben sie ihn verlassen? Aus welchem Grund ließ er sich demütigen? Wenn er schon sterben mußte, warum so: durch eitle Priester, mein widerwillig gefälltes Urteil und gemeine Soldaten? Wie kommt es, daß er jetzt so viele Anhänger hat? Weshalb glauben sie an ihn? Warum erinnere ich mich gerade bei ihm so mancher Einzelheit? Wie kommt es überhaupt, daß ich solchen Spuk ernsthaft erwäge? Werde ich senil? Haben wir nicht unsren Kaiser? Aber lügt der Kaiser nicht? Warum hat Jesus, wenn er von einem Gott gesandt war, das nicht jeden spüren lassen? Warum *kann* man an ihn glauben, *muß* es aber nicht? Wieso gibt es neben ihm noch andere Götter? Warum läßt er es zu, daß heute Geld, Macht und Luxus vergöttert werden? Wenn er behauptet, nach dem Tod beginne ein neues Leben, warum hat er nicht gesagt, wie es aussieht? Weshalb waren seine Sprüche dunkel? Wie ist es möglich, daß er sich verraten ließ? Ist sein Gott blutgierig? Wenn Jesus noch lebt, irgendwo lebt, warum tut er nicht ein Wunder und läßt zum Beispiel alle Diebe blind werden? Weshalb ist er nicht konsequent? Wenn er sagte: »Liebe deine Feinde wie dich selbst«, warum hasse ich mich? Falls er große Macht hat, warum versteckt er sie? Warum sind seine Anhänger so traurig, wenn er doch für sie gestorben ist und sie erlöst hat? Begreifen sie ihn nicht? Warum hat er mir nicht gesagt: »Ich bin der Sohn Gottes, also nicht von dieser Welt, und deshalb würde ich dir raten, mich nicht dem Pöbel zu opfern.«? Warum hat er das nicht gesagt? Weil er sterben mußte? Aber brauchte er dazu *mich*? Ist das gerecht? Um mein Gewissen auf die Probe zu stellen? Woher sollte ich wissen, wer er war? Welches waren seine Motive? Was hat er angerichtet, und was habe ich verbrochen?

LXXXVIII

Seit Wochen kann ich nur noch liegen.
Der einzige, der mich ab und zu besucht, ist Trajanus.
Kein Anfall mehr.

LXXXIX

Etwas besser.
Ich kann mich nicht mehr daran erinnern, was war. Als ich erwachte, stand Verrus über mich gebeugt. Ich erkannte ihn sofort wieder.
Was ist denn? fragte ich.
Er schüttelte den Kopf, schob mich aufs Lager zurück und legte den Zeigefinger vor den Mund.
Ich sah ihn an. Ich konnte mich an nichts erinnern. Dann sah ich auch Eleazar.
Sie werden mich doch nicht vergiften wollen? dachte ich.
Ich richtete mich auf und schrie: was habt ihr mit mir gemacht?
Sie packten mich und warfen mich aufs Lager zurück. Ich versuchte mich zu wehren, aber sie waren natürlich stärker als ich.

Sie haben dich tasächlich vergiftet, dachte ich.
Nun liege ich seit Wochen. Trajanus kommt manchmal und sitzt bei mir. Verrus sagt, ich hätte eine Kopfgrippe, die brauche Zeit. Aber wem kann man glauben?
Die meiste Zeit verschlafe ich. Dann habe ich bedeutsame Träume.

In der Decke sind Flecke, Risse, Löcher. Wenn ich lange hinsehe, werden Zeichnungen daraus. Hände, Katzen, lange Hälse. Es sind jeden Tag andere Zeichnungen.
Heute morgen sah ich Claudias Kopf.
Nun kann ich die Stelle nicht mehr finden.

Verrus sagt, ich solle mit dem Schreiben noch warten, bis ich wieder gesund sei. Im Augenblick solle ich nur ruhen.
Ich habe mich aber daran gewöhnt.

Wieviel Wochen liege ich eigentlich schon? fragte ich Eleazar.
Es wird bald besser mit dir gehen, sagte er.
Ist das eine Antwort?

Ob ich meine Aufzeichnungen Trajanus geben soll? Eleazar sagt, Claudias Grab sei in Ordnung. Wer weiß aber, ob das stimmt? Es ist ja nicht damit getan, das Unkraut auszuziehen.

Heute sah ich eine Hand an der Decke. Die Finger waren verknorpelt und zwischen den Knöcheln dünn wie Vogelbeine. Ich schloß die Augen, öffnete sie, machte sie zu, wieder auf, wieder zu, wieder auf, und da bewegte sich die Hand.

Meine Kopfschmerzen lassen nach. Es geht mir schon viel besser.
Ich verstehe nicht, warum Verrus mir nach wie vor verbietet, aufzustehen. Welche Absichten stecken dahinter? Warum sieht er mich so hinterhältig an? Gestern sagte er:
Wie geht es eigentlich deiner Frau?
Sie ist tot, sagte ich.
Wirklich? fragte er, ist sie tot?
Albern, diese Frage. Er weiß es doch.

Verrus will meine Aufzeichnungen sehen.
Ich muß vorsichtig sein.
Ich: Was macht Claudia?
Eleazar: Ihr Grab ist in Ordnung.
Ich: Was ist in Ordnung?
Eleazar: Ihr Grab.
Ich: Ich habe dich nicht danach gefragt, sondern wie es ihr persönlich geht.
Eleazar: Reg dich nicht auf, Herr.
Sagt es, packt mich und wirft mich auf den Rücken. Als wäre ich sein Sklave.
Ich kann mich nicht wehren.
Aber die Kopfschmerzen werden mit jedem Tag geringer. Und einmal werde ich mich rächen, an allen.

Wo ist meine Katze?
Verrus sagt: die ist krank, meine Frau hat sie in Pflege.
Eleazar: sie ist unterwegs. Mach dir darüber keine Sorgen, Herr.
Trajanus: deine Katze? Auf der Straße, glaube ich. Ja, ich habe sie gerade auf der Straße gesehen.
Da stimmt natürlich etwas nicht.

Aufgestanden. Es geht besser als ich dachte.
Zu Verrus sagte ich nachher:
Ich glaube, ich kann wieder aufstehen.
Nein, das geht nicht, sagte er.
Es geht aber doch.
Warum wehrt er sich also dagegen? Warum verbietet er es mir? Was hat er mit mir vor? Oh, ich kann es mir schon denken, ich bin ja nicht auf den Kopf gefallen.
Ich muß *noch* vorsichtiger sein.
Sieh mal, sagte ich zu Verrus, an der Decke sind Figuren.
Ja, sagte er.
Darauf fiel ich aber nicht herein. Siehst du sie wirklich? fragte ich. Was siehst du denn dort oben?
Er zögerte, das merkte ich genau.
Nun, sagte er, ich sehe ein Gesicht.
Was für ein Gesicht?
Das Gesicht deiner Frau.

Es war aber ein Auge. Das linke Auge meiner Katze.

Warum belügt mich Verrus? Er will mich vergiften, das weiß ich längst, aber warum schiebt er es so lange hinaus?
Den Grund dafür muß ich finden.

Wenn Verrus mich vergiften will, wird er überlegt zu Werk gehen. Er ist ja kein Dummkopf; ganz klar, daß er selber mich nicht vergiften wird. Vielleicht ahnt er auch, wie wachsam ich bin?
Also wird er jemanden damit beauftragen.
Wen?
Eleazar.
Somit: von Eleazar werde ich kein Getränk mehr annehmen.

E.: Du darfst nicht aufstehen, Herr.
Pilatus: Warum nicht?
E.: Du hattest wieder einen Anfall.
Pilatus: Wann?
E.: Vorgestern nacht.
Pilatus: Irrtum. Vorgestern nacht habe ich von meinem Tod geträumt, das weiß ich sehr genau.

E. gibt keine Antwort. Auch er ist einer von denen, die mich beseitigen wollen.

Trajanus bei mir.
Wir können uns wegen meiner Taubheit nur schlecht unterhalten, obwohl ich mit jedem Tag besser höre. Der Gemeinde ginge es gut, und alle ließen mich grüßen.
Er schenkte mir Wein, obwohl Verrus mir das Trinken verboten hat. Sicher weiß Trajanus, daß Verrus mir alles verbietet, was mir guttut.
Ein gefährlicher Mann, dieser Verrus. Wenn Trajanus es ehrlich mit mir meint, warum besorgt er mir nicht einen anderen Arzt?

Eleazar brachte mir einen Becher.
Trink du zuerst davon, sagte ich.
Er stammelte und wollte sich herauslügen. Er sagte, nicht er sei krank, sondern ich; es sei Medizin für mich.

Ich schlug ihm ins Gesicht.
So einfach lasse ich mich denn doch nicht vergiften.

Jesus war ein guter Mann.
Aber die andern, die vielen andern.
Ich komme nicht dahinter, wo meine Katze ist. Vielleicht hat man an ihr das Gift ausprobiert, das auch mich beseitigen soll?
Ich: Zürnst du mir noch, weil ich dich geschlagen habe?
Eleazar: Du hast mich nicht geschlagen.
Ich: Hast du es vergessen? Ich habe dich geschlagen, weil du mich vergiften wolltest; gestern oder vorgestern. Weißt du es nicht mehr?
Eleazar: Sei ruhig, Herr.
Warum weiß er es nicht mehr? Wie ist das möglich? Will er es nicht mehr wissen? Er sollte zu einem Arzt gehen; nur nicht zu Verrus.

Jeden Tag verstecke ich meine Aufzeichnungen woanders.
Denn wenn ich schlafe, suchen sie danach.
Sie finden sie aber nicht, da ich schlauer bin als sie alle.

Gestern kam Claudia zu mir und sagte:
Nun bin ich wieder da.
Sie hat sich nicht verändert.
Ich hätte sie natürlich fragen können, wo sie so lange gewesen ist, denn ich weiß genau, daß sie tot war, aber ich wollte sie nicht verletzen. Ich sagte:
Gut, daß du wieder da bist.
Sie sah mich an. Sie liebt mich noch immer.
Ich wollte aufstehen, ihr die Hand geben und ihr sagen, wie sehr ich mich freue, aber in diesem Augenblick kam Eleazar.
Was willst du? fragte ich.
Herr, du darfst nicht aufstehen.
Siehst du denn nicht, daß ich mich mit meiner Frau unterhalte? Was fällt dir ein?
Herr, sagte er, du darfst nicht aufstehen.
Ich habe mit meiner Frau zu sprechen, siehst du das nicht? Begrüße sie!
Er nahm keine Notiz davon. Das brachte mich in Wut.
Herr, sagte er.

Laß dieses verdammte »Herr«, begrüße meine Frau, oder bist du blind?
Er sah mich an. Er tat es nicht. Ich weiß nicht, was in ihn gefahren ist, ich muß noch darüber nachdenken. Er ist aufsässig geworden, gewalttätig und schamlos.
Ich schleppte ihn zu Claudia, warf ihn vor ihr zu Boden und sagte:
Willst du sie jetzt begrüßen?
Er tat es nicht.
Laß ihn doch, sagte Claudia, er meint es ja nicht so.
Ich will, daß er dich begrüßt. Das lasse ich mir nicht bieten.
Komm, sagte Claudia, leg dich wieder hin.
Sie zog mich fort, half mir, mich hinzulegen und küßte meine Stirn.
So gut ist sie.
Eleazar kniete noch immer.
Mach, daß du fortkommst, sagte ich. Ich will dich nicht mehr sehen.
Er ging. Aber ich wußte, daß er etwas mit mir vorhat. Etwas Gefährliches.
Als wir allein waren, nahm Claudia meine Hand, sah mich an, küßte mich und sagte, meine Kopfschmerzen kämen nun nie mehr wieder.
Sie hat sich gar nicht verändert, dachte ich. Sie sagte: Du bist ein guter Christ.
Ich? sagte ich. Ich bin doch gar keiner. Wie kannst du das denn sagen?
Du mußt eben glauben.
Woran?
An die Auferstehung zum Beispiel.
Ich soll glauben, daß er lebendig geworden ist, nachdem ich ihn verurteilt habe?
Ja. Ist das denn so schwer?
Natürlich ist es schwer.
Du hast mich doch lieb, sagte sie, und glaubst mir doch. Warum willst du dann nicht mit mir glauben?
Es geht nicht.
Sie schwieg und streichelte meine Stirn.
Du bist gut, sagte ich.
Sie sah mich an.

Oh, sagte sie und küßte mich: meine Stirn, meine Lippen, meinen Hals, meine Augen: das wäre schön, wenn du ein Christ werden wolltest, das wäre schön; und küßte mich, meine Stirn, meine Hände, meine Ohren, und redete immer weiter, aber ich verstand sie nicht, sie küßte mir die Ohren taub, sie redete von Gott und von Jesus, von Liebe und von Gnade, aber ich verstand sie nicht, ich sagte: schreib es mir auf; ich höre nicht mehr, ich bin taub, aber sie redete weiter und streichelte mein Gesicht, ich schrie: ich verstehe dich nicht, ich bin taub, schreib es mir auf! Aber sie schrieb es nicht auf, sie hörte mich nicht, sie redete weiter, ihre Lippen liefen hin und her, und ich sah ihnen zu, sie sagten: »Gott« oder: »Jesus« oder: »Heiliger Geist«, und wenn sie »Heiliger Geist« sagten, sah das sehr komisch aus, und ich schrie: schreib es mir auf! Aber sie verstand mich nicht und redete weiter, und das Blut stieg mir in den Kopf, ich wurde wütend, richtete mich auf, schrie sie an, aber das Schreien müssen Eleazar und Verrus gehört haben, die beiden fielen über mich her, warfen mich auf mein Lager zurück, hielten mich fest, knieten auf mir, und ich schrie: Claudia, so hilf mir doch! Aber sie rührte sich nicht, sie hatte kein Mitleid mit mir; ich sagte, ich wollte Trajanus sprechen, denn ich hätte ihm gesagt, ich wolle ein Christ werden, sie sollten sofort Trajanus holen, ich schrie: was tut ihr denn mit mir? Ich will ja ein Christ werden! Aber sie hielten mich fest, erwürgten mich fast, doch da kam Trajanus, ich weiß nicht woher, und ich bat ihn, mir zu helfen, aber er half mir nicht; sie helfen mir alle nicht, sie haben meine Katze ermordet, und mir wollen sie nun auch ans Leben, ich kann mich nicht wehren; laßt mich doch los! sagte ich, aber sie ließen mich nicht los, und Verrus sagte: nun ist es vorbei; und ich fragte, was denn vorbei sei, doch er gab keine Antwort, er ging aus dem Zimmer, Eleazar ging aus dem Zimmer, und ich fragte Trajanus: was ist jetzt? Was hat die Gemeinde gesagt? Soll ich ein Christ werden? Wollt ihr mich? Aber er wich aus, wollte mich beruhigen und an der Antwort vorbeikommen, doch ich schrie: ich will es wissen, sag mir die Wahrheit! Was ist die Wahrheit? Und ich klammerte mich an ihn, schüttelte ihn, wollte ihn umbringen, aber ich bin noch zu schwach. Was ist die Wahrheit? schrie ich, und er sagte: du mußt erst wieder gesund werden, dann reden wir weiter, beruhige dich doch!

Aber ich wollte mich nicht beruhigen, ich wollte es wissen, wollte jetzt die Wahrheit wissen und schrie: ihr wollt mich nicht, das ist die Wahrheit! Ihr wollt mich vergiften, sag es doch schon! Und ich schüttelte ihn, er bekam Angst vor mir, riß sich los und sagte: *Da wären noch einige Widerstände*, das wußte ich doch, und er ging; ich bin allein, habe mich eingesperrt, habe den Eingang verbarrikadiert, zu mir können sie nicht mehr herein, sie alle nicht, jetzt bin ich allein, und ich werde mich wehren und meine Katze suchen und mit Claudia reden und Verrus verklagen, ein Wunder suchen, überhaupt alles suchen.

Schreib*

Gott ist gnädig. Warum gibt es Betrunkene?
Ich glaube an den Heiligen Geist. Warum glauben die Christen nicht daran?
Jesus ist auferstanden von den Toten. Warum nimmt er nicht meinen Federhalter und schreibt: »Pilatus will ein guter Mensch sein.«? Im Himmel soll es schön sein. Warum glaube ich nicht daran? Warum glaube ich an einen Himmel, in dem ich verprügelt werde? Wenn es einen Gott gibt, warum schläft er? Wenn ich ihn schon nicht verstehe, versteht er mich? Warum? Weil er Gott ist? Deshalb versteht er alles? Warum versteht er dann des Kaisers Scheinheiligkeit, Stephanios Niederträchtigkeit und nicht die Leiden meiner Katze? Weil es auf Erden keine Gerechtigkeit gibt? Warum denn nicht?
Dann wäre der Himmel überflüssig.
Natürlich versteht Gott die Leiden meiner Katze. Er lindert sie nur nicht.

* Die nachfolgenden Seiten sind, wie leicht zu erkennen, von anderer Hand. Pilatus diktierte sie seinem Sklaven. Der Gouverneur a. D. war hier dem Wahnsinn schon vollends verfallen.
Der Sklave, ein gewisser Eleazar, wurde wurde von mir vernommen. Er gibt zu, schon früher Anzeichen von Irrsinn bei dem Gouverneur a. D. bemerkt zu haben. Über die Person des Kaisers und unseren Staat sei er stets anderer Meinung als sein Herr gewesen. Auf die Frage, ob er dem Diktat wortwörtlich gefolgt sei, bekundete er, ihm könnten einige Fehler unterlaufen sein.
Der Sklave macht einen, wenn auch nicht schlechten, so doch undurchsichtigen Eindruck. Er betätigt sich als Christ. N.

Warum nicht?
Weil er Gott ist.
Also ist er ein Gott, weil er nicht lindert.

18. März

Mir geschieht Unrecht.
Man will mich vergiften.
Man hat meine Frau vergiftet, meine Katze ertränkt und mir Geld gestohlen.
Ich kenne die Täter.
Sie sitzen im Tempel, singen und haben Milchgesichter.
Ich bin ein Christ.
Ich bin kein Christ.
Aber ich habe Träume, wie sie noch nie jemand gehabt hat und nie jemand mehr haben wird; große, bedeutsame Träume.

24. März

In der Luft ist Musik.
Die Musik schreit: wie Katzen.
Der Kaiser ist ein ehrenwerter Mann.
Er mordet nach dem Gesetz.
Er hat mir großes Unrecht getan.
Er will mich beseitigen, auch er.
Weil ich weiß, daß Musik in der Luft ist: Katzenmusik. Helle, schleichende Töne, mit viel, viel Nebel.

30. März

Der Gott der Christen bei mir. Er wolle mir einen Besuch machen, sagte er.
Er schenkte mir Wein.
Ich dachte mir gleich, daß er mich vergiften wollte, und ließ ihn zuerst trinken.
Er tat es. Merkwürdig.
Ich bin trotzdem vorsichtig.
Ich fragte ihn, was sein Sohn mache.
Den habe man gekreuzigt, sagte er.
Das tue mir leid. Und wie es ihm selber gehe?
Auch nicht gut.
Schade.

6. April

Schreib:

Diogenes nahm Gift.
Sokrates lebte in einer Tonne.
Jesus starb im Kampf gegen Rom
Pilatus wurde gekreuzigt.
Der Kaiser betet.
Gott lahmt.
Ein Priester hat dem Seneca ein Ohr abgeschlagen.
Das Ohr liegt auf der Straße und zuckt.
Aus der Unterwelt lacht es.
Sokrates wäscht sich die Hände.
Im Kopf sind Käfer.
Die Mörder des Pilatus haben Milchgesichter.
Schaum vorm Mund ist mehr als Stoßgebet.
Im Kopf sind Käfer. Die leuchten nachts.
Und tun weh.

Wo ist meine Katze?

Von Werner Koch
erschienen im Suhrkamp Verlag

See-Leben I. 1973. 126 Seiten. *suhrkamp taschenbuch* Band 132

Wechseljahre oder See-Leben II. 1975. 203 Seiten. Geb.
und *suhrkamp taschenbuch* Band 412,
1977, 204 S.

Jenseits des Sees. Roman. 1979.
224 S. Geb.

st 615 Mircea Eliade
Bei den Zigeunerinnen
Phantastische Geschichten
Aus dem Rumänischen von Edith Silbermann
342 Seiten
»Was bei Eliade so anzieht, so entzückt, ist eine Heiterkeit, die hoffnungsvolle Ruhe, die jede außergewöhnliche, eigentlich Furcht erregende Begebenheit nicht ins Gräßliche wendet, sondern ins Helle, recht eigentlich Beruhigte.« *Süddeutsche Zeitung*

st 616 Kasimir Edschmid
Geord Büchner. Eine deutsche Revolution
544 Seiten
Roman
»... ein Meisterwerk der deutschen Literatur im zwanzigsten Jahrhundert, einer der großen historischen Romane Deutschlands, ... der die politische Tragik, die ewig gescheiterten Kämpfe um die Wiederherstellung der Freiheit und der Menschenwürde des armen, ewig geschlagenen deutschen Volkes beschreibt, das durch die Jahrhunderte so töricht der tumbe Michel war, seine dümmsten Tyrannen auf den Thron zu heben und seine klügsten Volksfreunde in den Staub zu treten oder ins Exil zu schicken.« *Hermann Kesten*

st 618 Helm Stierlin
Eltern und Kinder
Das Drama der Trennung und Versöhnung im Jugendalter
Aus dem Englischen von Ellen Katharina Reinke und Wolfgang Köberer
272 Seiten
Auch bei anscheinend radikalen Trennungen heranwachsender Kinder von ihren Eltern bleiben unsichtbare Bindungen bis ans Lebensende weiterbestehen. Bindungen, in die u. a. Gefühle der Dankbarkeit, Rache, Scham und Schuld, der Verpflichtung und Beauftragung sowie ein Verlangen nach Wiedergutmachung und nach vorenthaltener Gerechtigkeit einfließen können.

st 619 Antike Geisteswelt
Eine Sammlung klassischer Texte
Auswahl und Einführungen von Walter Rüegg
694 Seiten
»Die vorliegende Auswahl bietet dem der Antike Vertrauten wenig bekannte Texte und neue Gesichtspunkte, dem Leser, der erst beginnt, die Welt der Antike in seine Bildung einzubeziehen, eine Grundlage, um mit der Antike vertraut zu werden: sie wird ihn einführen in die gewaltigen Katakomben unserer geschichtlichen Existenz.«
helvetia archaeologica

st 628 Georg W. Alsheimer
Eine Reise nach Vietnam
224 Seiten
Alsheimer kehrt in seine »Wahlheimat« zurück. Die Narben des amerikanischen Alptraums sind noch allgegenwärtig. So gerät die Konfrontation des Damals mit dem Heute zunächst zu einem Verfolgungswahn. Erst als er durch das Vertrauen seiner Freunde das Damals mit dem Heute verknüpfen kann, verwandeln sich in dieser Krise seines politischen Credos die gläubigen Visionen in einen gemäßigten, kritischen Optimismus. Den Prozeß, der zu dieser Einsicht führte, protokolliert Alsheimer in diesem Reisetagebuch. Alsheimers *Vietnamesische Lehrjahre* liegen als st 73 vor.

st 629 Wie der Teufel den Professor holte
Science-fiction-Erzählungen aus POLARIS 1
Phantastische Bibliothek Band 37
132 Seiten
Der Band enthält Erzählungen von Stanisław Lem, Gérard Klein, Kurd Laßwitz, Fitz-James O'Brien, Vladimir Colin.

st 630 Das Mädchen am Abhang
Science-fiction-Erzählungen aus POLARIS 2
Phantastische Bibliothek Band 38
178 Seiten
Der Band enthält Erzählungen von Wadim Schefner, Sewer Gansowski, Arkadi und Boris Strugatzki, Ilja Warschawski.

st 631 Der Weltraumfriseur
Science-fiction-Erzählungen aus POLARIS 3
Phantastische Bibliothek Band 39
144 Seiten
Der Band enthält Erzählungen von Josef Nesvadba, Gerd Ulrich Weise, Sven Christer Swahn, Vladimir Colin, Frigyes Karinthy.

st 632 Die Büßerinnen aus dem Gnadenkloster
Phantastische Erzählungen aus PHAÏCON 2
Herausgegeben und mit einem Vorwort von
Rein A. Zondergeld
Phantastische Bibliothek Band 40
122 Seiten
Der Band enthält Erzählungen von Joseph Sheridan Le Fanu, Erckmann-Chatrian, Jean-Louis Bouquet, Julio Cortázar, Manfred Wirth, Jörg Krichbaum.

st 637 Gerlind Reinshagen
Das Frühlingsfest
Elsas Nachtbuch. Annäherungen. Ein Stück
170 Seiten
Nach dem szenischen Panorama des Nazi-Deutschlands im Stück *Sonntagskinder* richtet die Autorin hier den Blick auf Neuaufbau und Restauration.

st 638 Birgit Heiderich
Mit geschlossenen Augen
Tagebuch
136 Seiten

Am Anfang die Trennung von einem Mann, am Ende die Übersiedlung aus dem ungebunden sich entfaltenden in ein geregeltes Arbeitsleben. Das Tagebuch erzählt die Geschichte zahlreicher Beziehungen zu Männern und Frauen. In dichtem Zusammenhang werden Erlebnisse, Geschichten, Beobachtungen notiert. Birgit Heiderichs Tagebuch ist reich an Apercus und an Reflexionen über Liebe, Sehnsucht, Trauer, Verzweiflung, über Frausein, Weiblichkeit, aber auch über gesellschaftliche Differenzen, es enthält Beschreibungen und Gedichte.

st 639 Herbert Gall
Deleatur
Notizen aus einem Betrieb
216 Seiten
Eine Druckerei gerät durch Modernisierung und Rationalisierung in eine Krise, der Besitzer versucht, durch Entlassungen und Verstärkung des Arbeitsdrucks ihrer Herr zu werden. Der Korrektor Herbert Gall, als empfindlicher Intellektueller in industrielle Arbeitsverhältnisse geraten, setzt sich durch das rückhaltlose, nämlich auch ihn selbst nicht schonende Aufschreiben gegen Leiden und Abstumpfung zur Wehr. »Der hier beschriebenen Arbeitsform . . . sei zum Schluß ein lateinisches Wörtchen gewidmet, ein Korrekturzeichen, mit dem Falsches markiert wird, das aus einem Text entfernt werden soll: *Deleatur* – sie möge zerstört werden.«

st 683 Marieluise Fleißer
Der Tiefseefisch
Text. Fragmente. Materialien
Herausgegeben von Wend Kässens und Michael Töteberg
188 Seiten
Der Tiefseefisch gibt ein satirisches Portrait von Bertolt Brecht als literarischem Bandenführer; zugleich ist das Stück ein Ehedrama: Fleißers Verbindung mit dem konservativen Publizisten Hellmut Draws-Tychsen. Dieser Band veröffentlicht erstmals die erhalten gebliebene erste Fassung des Stücks sowie Fragmente und Arbeitsnotizen. In einem Nachwort erläutern die Herausgeber den zeitgenössischen literarischen Kontext und geben Interpretationsansätze für die heutige Aktualität des Dramas.

Alphabetisches Gesamtverzeichnis der suhrkamp taschenbücher